Nico Hofmann

Mehr Haltung, bitte!

Nico Hofmann

mit Thomas Laue

Mehr Haltung, bitte!

Wozu uns
unsere Geschichte
verpflichtet

C. Bertelsmann

Sollte diese Publikation Links auf Webseiten Dritter enthalten, so übernehmen wir für deren Inhalte keine Haftung, da wir uns diese nicht zu eigen machen, sondern lediglich auf deren Stand zum Zeitpunkt der Erstveröffentlichung verweisen.

Verlagsgruppe Random House FSC® N001967

1. Auflage
© 2018 beim C. Bertelsmann Verlag, München,
in der Verlagsgruppe Random House GmbH,
Neumarkter Str. 28, 81673 München
Umschlaggestaltung: Büro Jorge Schmidt, München
Umschlagabbildung: © UFA/Marcus Höhn
Satz: Uhl + Massopust, Aalen
Druck und Bindung: GGP Media GmbH, Pößneck
Printed in Germany
ISBN: 978-3-570-10305-0

www.cbertelsmann.de

Dieses Buch ist auch als E-Book erhältlich.

Inhalt

Kapitel 1

Einleitung: Warum wir unsere Geschichte immer persönlich nehmen sollten

Es ist dieser besondere Moment, den jeder kennt, der in einem kreativen Beruf arbeitet: der Augenblick, wenn man das, woran man monatelang – in unserer Branche oft sogar jahrelang – gearbeitet hat, denen übergibt, für die man es erdacht und gemacht hat: den Zuschauern.

Es ist ein aufregender Moment. In der Regel zelebrieren wir ihn, ziehen ihn als eigenes Ereignis in die Länge und feiern ihn. Im Theater ist es die Premiere mit ihrem besonders kritischen Publikum. Zu großen Kinopremieren rollen wir den roten Teppich aus. Der Besucher, der darüberschreitet, wird selbst Teil eines Gesamtereignisses und verleiht gleichzeitig dem Abend mit seiner Anwesenheit eine besondere Bedeutung. Die bildende Kunst kennt aus diesem Anlass die Vernissage, bei der sich Künstler, Kunstkenner, potenzielle Käufer und Kritiker gemeinsam vor den Bildern versammeln, die bei dieser Gelegenheit das erste Mal der Öffentlichkeit präsentiert werden. Fast immer gibt es anschließend eine Feier oder eine Premierenparty, Reden werden gehalten, man spricht untereinander über das, was man gesehen hat, urteilt, lobt, gratuliert oder verreißt und trinkt dazu Wein, Bier, Champagner.

Jeder, der einmal dabei war, egal ob als Mitwirkender oder

als Zuschauer, kennt diese spezielle, aufgeregte Atmosphäre. Diese besondere Mischung aus Öffentlichkeit und Intimität, in der überbordende Freude und Erlösung nach einem langen Arbeitsprozess ebenso Platz haben wie kollegiale Häme oder professionelle Gnadenlosigkeit. Nicht selten liegen glamouröser Triumph und deprimierender Verriss an solchen Abenden nah beieinander. Und beide prasseln durch die Anwesenheit der vielen Menschen unmittelbar und ungefiltert und vor aller Augen auf einen ein.

Eine Fernsehpremiere ist im Vergleich dazu für einen Produzenten wie mich oft ein eher ruhiger, ja, man kann sagen, ein fast einsamer Moment. Zwar erreichen die Filme und Sendungen, in denen so viel von meiner Arbeit und der von vielen anderen steckt, bei der Ausstrahlung im Fernsehen in der Regel viele Millionen Menschen gleichzeitig. Aber sehen kann ich diese Menschen, während sie vor dem Fernseher sitzen und meinen Film anschauen, nicht.

Ich bin nun seit über zwanzig Jahren als Film- und Fernsehproduzent tätig. Hunderte von Filmen sind in dieser Zeit unter meiner Beteiligung und Verantwortung entstanden. Und die meisten Erstausstrahlungen meiner Fernsehfilme habe ich allein in meiner Wohnung in Berlin oder während meiner zahlreichen Reisen in einem Hotelzimmer irgendwo auf der Welt erlebt.

Natürlich könnte ich gemeinsam mit Freunden gucken oder zusammen mit den Kollegen, mit denen ich an den jeweiligen Projekten gearbeitet habe. Arbeiten, aus denen zum Teil sehr enge Freundschaften entstanden sind. Aber ich bin in diesen Momenten tatsächlich am liebsten allein. Ich bin während dieser Stunden bis obenhin voll mit Gedanken. Es sind Momente höchster Anspannung und zugleich Augenblicke größter Klarheit.

Bei großen Fernsehprojekten habe ich meist bis zum Nachmittag des Ausstrahlungstages Interviews gegeben, um dem Film die größtmögliche Aufmerksamkeit zu verschaffen. Das ist der Endspurt kurz vor dem Ziel, nachdem ich vorher von der ersten Stoffidee über die Drehbuchentwicklung bis hin zu Dreh, Schnitt und Postproduktion manchmal bis zu fünf Jahre an dem Film gearbeitet habe. Gemeinsam mit Autoren und Regisseuren habe ich um die Vision für den Film gerungen, um die beste Besetzung gekämpft und nach dem inhaltlich richtigen Weg gesucht, um das, was wir erzählen wollten, so auf den Bildschirm zu bringen, dass es den Zuschauer mit der größtmöglichen Kraft und Emotionalität erreicht.

Oft sind dafür bis zuletzt im Schneideraum immer wieder neue Versionen entstanden, wurde so lange nachjustiert oder auch ganz neu geschnitten, bis ich mit dem Ergebnis zufrieden war. Es hat Abnahmen beim Sender gegeben oder Probevorführungen vor ausgewähltem Publikum und Kollegen, nur um dann wieder im Schneideraum zu landen und vielleicht sogar doch noch einmal ganz von vorn zu beginnen. Immer habe ich dabei vor Augen, dass irgendwann ebendieser eine, dieser besondere Moment kommt, auf den alles hinausläuft: der Abend, an dem der Film im Fernsehen kommt und damit dem Erleben und auch dem Urteil der Zuschauer übergeben wird.

Auch wenn wir alle mit größter Genauigkeit und Sorgfalt gearbeitet haben, kann doch nichts all das vollständig antizipieren, was mit mir an diesem Abend passiert. Denn wenn ich dann, zeitgleich mit vielen anderen Menschen, aber allein vor dem Fernseher sitze, sehe ich meinen Film plötzlich gleichsam durch ihre Augen. Und obwohl ich die Monate vorher nichts dem Zufall überlassen habe und mit einem für einige meiner Mitarbeiter manchmal stressigen Hang zum Perfektionismus geplant und auch die letzte Kleinigkeit korrigiert habe, sehe ich bei diesem Betrachten des Films mit Millionen fremder Augen plötzlich kleinste Fehler und Ungenauigkeiten, die mir vorher trotz aller Akribie entgangen sind und die vermutlich außer mir in diesem Moment auch niemandem mehr auffallen.

Es ist dieses schwer erklärbare Momentum, dieses Senden des Films hinaus in die Welt zu einem Zeitpunkt, an dem ich nichts mehr daran ändern kann, aber gleichzeitig alle das Ergebnis sehen, das mich so klar werden lässt wie in keiner Minute zuvor. Und selbst wenn ich dabei gar nicht vor dem Fernseher sitze, sondern irgendwo im Auto oder im Flugzeug unterwegs bin, entsteht diese Klarheit in mir, während der Film, den ich so gut kenne, weil er durch die Arbeit daran zu einem Teil von mir geworden ist, gleichzeitig minuten-, ja sekundengenau in meinem Kopf vor meinem inneren Auge abläuft.

Natürlich sehe ich dabei nicht nur die Fehler, die mir entgangen sind, sondern vor allem wird mir in diesen Minuten noch einmal sehr bewusst, warum wir diesen Film gemacht haben und warum wir ihn *genau so* gemacht haben, wie er nun geworden ist, und nicht anders. Ich lasse die vielen Gespräche und Diskussionen, die wir geführt haben, Revue passieren und mache mir noch mal klar, aus welchem Grundgedanken, aus welcher Idee und aus welcher Haltung heraus dieser Film entstanden ist. Das ist wichtig für mich, denn damit schließe ich nicht nur einen jahrelangen und meist sehr intensiven Arbeitsprozess ab, sondern ich bereite mich auch auf das vor, was mit der Ausstrahlung des Films erst beginnt und was für mich ein wichtiger Teil, wenn nicht gar *der* Antrieb für meine Arbeit als Filmemacher ist.

Viele meiner Filme, für die ich in den vergangenen Jahrzehnten als Produzent verantwortlich war, haben sich mit Zeitgeschichte und vor allem mit der deutschen Geschichte des 20. Jahrhunderts beschäftigt – eine große Zahl davon mit der Zeit des Nationalsozialismus und ihren Folgen. Fast alle dieser Filme haben mit ihrer Ausstrahlung im Fernsehen eine ungewöhnlich hohe Zahl an Zuschauern erreicht. Filme wie *Dresden, Der Tunnel, Stauffenberg, Nackt unter Wölfen, Die Flucht* oder *Unsere Mütter, unsere Väter* haben bei ihrer Erstausstrahlung teilweise bis zu dreizehn Millionen Zuschauer gesehen, die Wiederholungen noch gar nicht mit eingerechnet. Es sind Filme, die bei den Zuschauern einen Nerv getroffen haben, auch, weil sie etwas gewagt haben, das, als wir damit anfingen, diese Filme zu entwickeln und zu zeigen, zunächst als unerhört galt: Sie haben Zeitgeschichte nicht als dokumentarische Aufarbeitung, sondern als hoch emotionale Fiktion auf der Basis einer extrem genau recherchierten Faktenlage erzählt.

Gleichzeitig haben sie Haltung bezogen. Eine Haltung, die herausgefordert hat. Denn sie haben nicht nur schonungslos gezeigt, welche Gräueltaten, Verbrechen und Grausamkeiten in der Nazizeit begangen wurden. Sie haben auch versucht zu verstehen, was Menschen unter dem Einfluss von Fanatismus und dunkler Naziideologie dazu gebracht hat, diese Dinge zu tun. Mal bereitwillig, mal weniger bereitwillig, aber eben doch zu tun.

Und so haben diese Filme nicht nur ein sehr großes Publikum gefunden, sie haben vor allem auch Debatten ausgelöst. Debatten, die sehr kontrovers, sehr heftig und oft auch sehr persönlich geführt wurden. Über den jeweiligen Film, aber – von wutschnaubenden Kritikern – auch meiner Arbeit und meiner Person gegenüber.

Doch es waren nicht nur die Kritiker, sondern vor allem die Zuschauer, die diese Debatten geführt haben. Ausgelöst durch Filme wie *Dresden* oder *Unsere Mütter, unsere Väter,* fand Jahrzehnte nach dem Zweiten Weltkrieg etwas statt, das in der Welt des Fernsehens nur selten gelingt: Die Zuschauer, die ja einzeln oder bestenfalls als kleine Gruppe oder als Familie vor dem Fernseher sitzen und eben nicht als Teil einer großen Gemeinschaft wie beispielsweise im Theater oder auch im Kino, begannen nach der Ausstrahlung der Filme, miteinander zu reden. Über das, was in unseren Filmen zu sehen war, und über das, was sie selbst erlebt hatten.

Immer wieder wird mir auch heute noch berichtet, dass nach *Dresden* Menschen das erste Mal in der Lage waren, über ihre eigenen Erlebnisse im Bombenhagel der Kriegstage zu reden, oder dass nach *Unsere Mütter, unsere Väter* Söhne und Töchter begannen, ihren Eltern Fragen zu stellen und reden möglich wurde, wo bisher trotz aller historischen Aufarbeitung der Nazizeit Schweigen im Umgang mit den persönlichen Erlebnissen und auch den Verstrickungen der eigenen Familie die Regel war.

Genau diese Debatten – die öffentliche Kontroverse ebenso wie das Befragen des eigenen Lebens und das Erzählen von persönlichen Erlebnissen – sind es, die ich mit meinen Filmen suche. Genau das wird mir in diesen einsamen und hoch konzentrierten Momenten einer Fernsehpremiere immer wieder aufs Neue bewusst. Ich bereite mich dabei innerlich auf die Diskussionen vor, die dem Film folgen werden, der gerade im Fernsehen läuft. Nicht, weil ich sie fürchte, sondern im Gegenteil: weil ich sie als wichtigen, wirkungsmächtigen Teil meiner Arbeit empfinde.

Natürlich behandelt nicht jeder meiner Filme die ganz großen Themen. Nicht alle haben eine so umfassende Wirkung, wie ich sie eben beschrieben habe. Viele von ihnen sind schlicht – hoffentlich gut gemachte – Fernsehunterhaltung. Kein Wunder, denn Menschen mit Filmen zu unterhalten, ist mein Beruf. Doch meine großen, meine Herzensprojekte kreisen immer wieder um Geschichte und Zeitgeschichte und ihre Auswirkungen auf die Verhaltensweisen der Menschen, die diese Geschichte erlebt haben und noch erleben.

Unterm Strich lässt sich nicht leugnen, dass es als Fazit all meiner Filme ebendieses eine große Lebensthema gibt, das mich begleitet, seit ich Filme mache, und das ich immer wieder neu und immer weiter bearbeite. Sei es als Regisseur in den Anfangsjahren meiner Fernsehkarriere oder eben später, als ich den Regie- gegen den Produzentenstuhl tauschte.

Auch heute, wo ich als CEO der UFA, einer der größten europäischen Film- und Fernsehproduktionsfirmen, nur noch selten selbst als Produzent arbeite und Management- und Strategieaufgaben einen Großteil meines beruflichen Alltags bestimmen, treibt mich die Frage um: Wie stellen wir uns unserer eigenen Geschichte? Wie erzählen wir davon und welche Auswirkungen hat der Umgang mit unserer Historie und unserer eigenen Lebensbiografie oder der unserer Eltern auf unser heutiges Leben und auf unsere Arbeit als Künstler? Vor allem: Welche Haltung entwickeln wir daraus für die Gestaltung unseres Lebens im Hier und Heute?

Denn Haltung, also der Blick, mit dem wir auf die Welt schauen, und die Kraft, die uns für etwas einstehen, etwas richtig oder falsch finden, die uns ebendiese Welt gestalten lässt, kommt nicht von ungefähr. Haltung entsteht aus der Verarbeitung unserer eigenen Lebenserfahrungen. Aus den Brüchen, die wir in unserem Leben erleben oder die wir selbst herbeiführen, und aus der Konsequenz, mit der wir mit ihnen umgehen.

Dass mich diese Fragen so nachhaltig beschäftigen, hat viel mit meiner eigenen Biografie zu tun. Mit meiner eigenen Geschichte und mit der meiner Familie. Meine Eltern waren beide

Journalisten. Mein Vater war politischer Redakteur bei der Ludwigshafener *Rheinpfalz*, für die er später als Korrespondent in die damalige Hauptstadt Bonn ging. Auch meine Mutter schrieb für die *Rheinpfalz*, bevor sie zur *Frankfurter Allgemeinen Zeitung* wechselte, wo sie in der damaligen Männerdomäne Wirtschaftsjournalismus arbeitete. Ich bin damit aufgewachsen, dass meine Eltern zu Hause am Wohnzimmertisch ihre Texte redigierten und diskutierten, Worte abwogen und nach der richtigen und genauen Sprache für ihre Texte suchten, die sie dann klappernd in die Schreibmaschine tippten, bevor sie ihre fertigen Artikel an die Redaktion gaben. Worte waren wichtig in unserer Familie, und oft wurde bis spät in die Nacht über Politik, Kultur und Wirtschaftsthemen diskutiert.

Doch das Leben meiner Eltern war auch geprägt von dem großen Bruch in ihrem Leben, für den sie, die sonst so eloquent und rhetorisch gewandt waren, keine oder nur unzureichende Worte fanden. Beide waren sie Kriegskinder, deren junge Jahre durch den Nationalsozialismus bestimmt waren. Für beide bedeutete das Kriegsende einen radikalen Einschnitt in ihren bisherigen Lebensbiografien.

Meine Mutter kam, ein halbes Kind noch, in den letzten Kriegsjahren in das Kinderlandverschickungslager ihrer Schule im Schwarzwald. Sie war dort noch im März 1945 – dreizehn Jahre alt – auf »Führer, Volk und Vaterland« vereidigt und zu »Treue und Gehorsam bis in den Tod« verpflichtet worden. Sie glühte für das geradezu geheiligte Deutschlandbild des »Dritten Reiches« und war, ideologiegeblendet, »bereit, für Deutschland zu sterben«, wie sie meiner Schwester und mir später erzählt hat. Noch im April 1945 war sie der festen Überzeugung, dass Nazideutschland den Krieg gewinnen werde, und gewillt, alles dafür zu tun: »Wir waren zur Todesbereitschaft erzogen worden.« Sie hat nach Kriegsende Jahre gebraucht, sich von dieser

Verblendung zu befreien und eine Kehrtwende zur Demokratie zu vollziehen. Es muss ein harter, ein desillusionierender und auch ein schmerzhafter Weg für sie gewesen sein.

Der Journalismus, aber auch das Nationaltheater in Mannheim – wo sie, so seltsam das klingt, bei einer Aufführung von Schillers *Don Carlos* durch die Dialoge zwischen dem spanischen Kronprinzen und seinem Jugendfreund Marquis von Posa zum ersten Mal die ganze Bedeutung von Freiheit und Gedankenfreiheit erfasste – waren ihre Mittel, sich von einer anerzogenen Ideologie zu emanzipieren und zu einer neuen, als Journalistin sehr moralischen und freiheitsverteidigenden Haltung zu finden. Vor allem haben sie ihr geholfen, über diesen Bruch in ihrem Leben auch reden zu können.

Mein Vater hingegen war als junger Soldat in Russland gewesen. Er war kein Nazi, aber er hatte im Krieg kämpfen und auch töten müssen. Er kehrte traumatisiert aus dem Krieg zurück und konnte fast fünfzig Jahre lang nicht wirklich über das reden, was er erlebt und was er getan hatte. Er flüchtete sich in einen unverbindlichen Pazifismus und war privat ein bis zur Selbstverleugnung konfliktscheuer Mensch. Wenn er überhaupt über seine Kriegserlebnisse zu reden imstande war, dann sehr nüchtern und distanziert. Von Emotionen, von Tränen gar, keine Spur. Die kamen dann nachts, wenn er, wie meine Mutter heute erzählt, immer wieder tränenüberströmt aus dem Schlaf hochschreckte. Über den Krieg, aus dem er als Leutnant der Pioniere verwundet zurückgekommen war, konnte er erst während meiner Arbeit an dem Film *Unsere Mütter, unsere Väter* offener sprechen.

Auch wenn meine Eltern in den Sechziger- und Siebzigerjahren ein sehr offenes Haus pflegten und ein Leben führten, das von Kunst und Kultur, vom Interesse und der Teilnahme an Politik sowie von Diskussionsfreudigkeit und Intellektualität geprägt war, blieb doch der Umgang mit den Erlebnissen ihrer Vergangenheit wie eine nie wirklich verheilte Wunde in ihrem Leben gegenwärtig. Eine Wunde, die – gerade weil es meinen Eltern schwerfiel, darüber zu sprechen – auch das Familienleben beeinflusste. Letztendlich übertrugen sie ihre Sprachlosigkeit und die Schwierigkeit, in manchen Dingen Emotionen zuzulassen, unbeabsichtigt auch auf meine Schwester und mich.

Für mich wurde schon früh die Kunst, also das Theater und schließlich der Film, zum einzig gangbaren Weg, mich mit der Geschichte meiner Eltern und dadurch auch mit mir selbst auseinanderzusetzen. Schon als Teenager begann ich, unser Familienleben zum Gegenstand meiner ersten Filmprojekte mit der Super-8-Kamera zu machen – die Scheidung meiner Eltern inbegriffen. Und nicht ohne Grund war mein Abschlussfilm *Der Krieg meines Vaters* auf der Filmhochschule der Versuch, dem Leben und Erleben meines Vaters näher zu kommen. Ich wusste, ich musste ihn verstehen, um mich selbst verstehen zu können.

Schon immer also habe ich mich mit meinen Filmen darum bemüht, verborgene und versteckte Emotionen zutage zu fördern und Diskussionen in Gang zu setzen. Folgerichtig sind im Laufe der Jahre das emotionale Erzählen und die Suche nach dem emotionalen Kern einer Geschichte zum wichtigsten Merkmal meiner Filme geworden.

Paradoxerweise hat mich gleichzeitig in anderer Hinsicht die gedankliche Offenheit meines Elternhauses geprägt: das Denken in internationalen Kategorien durch die Arbeit meiner Eltern etwa oder die Begegnungen mit Filmemachern vor allem aus Osteuropa, die zur »Mannheimer Kultur- und Dokumentarfilmwoche« kamen, einem schon damals renommierten Filmfestival, das heute als »Internationales Filmfestival Mannheim-

Heidelberg« firmiert. Diese Begegnungen wurden für mich zu Schlüsselerlebnissen. Meine Eltern arbeiteten ehrenamtlich in der Pressestelle der Filmwoche mit. Die Menschen, die mir während des Festivals begegneten, die in ihren Heimatländern teilweise als Dissidenten des »Prager Frühlings« verfolgt wurden und für die Filmemachen eine lebenswichtige Leidenschaft war, beeindruckten mich als heranwachsenden jungen Menschen tief. In ihrer Gesellschaft, beim Verfolgen ihrer Gespräche und Diskussionen habe ich zum ersten Mal verstanden, wie untrennbar das Machen eines Films mit einer klaren Haltung einhergehen kann und muss.

Diese Suche nach Haltung und Erkenntnis hat mich seit jenen Mannheimer Tagen nicht mehr verlassen. Sie hat mich auf der Filmhochschule begleitet, während meiner Arbeit als Regisseur und Produzent, und sie leitet mich noch heute als Chef der UFA.

Genau um diese Suche soll es in diesem Buch gehen. Nicht in Form einer klassischen Biografie, sondern als persönliches Resümee entlang der Stationen meines Arbeitslebens als Regisseur und Produzent.

Es gibt in meiner Filmografie Filme, die ich heute sicher nicht mehr genauso machen würde. Zu sehr sind sie ästhetisch und in der Erzählform dem jeweiligen Zeitgeist verhaftet. Aber sie sind wichtige Stationen für mich, eben weil ich die Haltung oder die Suche danach und das, was sie ausgelöst haben, auch heute immer noch als bedeutsamen Schritt empfinde. Andere Filme wie *Unsere Mütter, unsere Väter* halte ich bis heute für die besten Filme, die ich je gemacht habe.

Es gibt gute Gründe, warum dieses Buch gerade jetzt entsteht. Zum einen hat mit meinem Wechsel vom Produzenten zum CEO der UFA, also zum verantwortlichen Geschäftsführer, in meinem beruflichen Leben gerade eine ähnliche Zäsur stattgefunden wie bei meinem Wechsel vom Beruf des Regisseurs zum Produzenten vor rund zwanzig Jahren. Eine gute Gelegenheit, Bilanz des eigenen Schaffens zu ziehen und sich der eigenen Position zu versichern. Und auch, um einmal innezuhalten und auf die Aufgabe zu blicken, die vor mir liegt, und die Verantwortung, die damit verbunden ist.

Doch es gibt noch einen zweiten, weiter reichenden Grund für dieses Buch: Die Auseinandersetzung mit Geschichte ist zweifelsohne ein wichtiger Antrieb für meine Filme, aber die Bedeutung dieser Auseinandersetzung geht für mich weit darüber hinaus. Als Geschäftsführer eines großen Medienunternehmens verspüre ich gerade jetzt, in einer Zeit, in der in Deutschland und Europa rechtspopulistische Strömungen vermehrt an Zulauf gewinnen und in der sich viele Menschen mit einer Veränderung ihrer Lebensverhältnisse konfrontiert sehen, die ihnen Angst macht, eine besondere Verantwortung, wenn es um die Beschreibung und Gestaltung von Gesellschaft geht.

Es besorgt mich, wenn ich höre, dass jemand wie der AfD-Politiker Björn Höcke in seiner Dresdner Rede Anfang 2017 eine »erinnerungspolitische Wende um 180 Grad« fordert und das Berliner Holocaust-Mahnmal als »Denkmal der Schande« bezeichnet. Und es alarmiert mich, wenn Alexander Gauland beim sogenannten Kyffhäusertreffen der AfD-Rechtsaußen-Gruppierung »Der Flügel« im September 2017 suggeriert, dass es an der Zeit sei, einen Schlussstrich unter Deutschlands Nazivergangenheit zu ziehen, und dafür von größeren Kreisen der Bevölkerung Zustimmung erhält. Gegen jedes Geschichtsbewusstsein fordert er das »Recht, stolz zu sein auf die Leistungen deutscher Soldaten in zwei Weltkriegen« und sagt mit Blick auf die NS-Zeit von 1933 bis 1945: »Man muss uns diese zwölf Jahre jetzt nicht mehr vorhalten. Sie betreffen unsere Identität heute nicht mehr. Deshalb haben wir auch das Recht, uns nicht nur unser Land, sondern auch unsere Vergangenheit zurück zuholen.«

Das Gegenteil ist der Fall. Ich bin der festen Überzeugung, dass es ohne eine Beschäftigung mit unserer Vergangenheit und ein Lernen daraus kein Verständnis für die Probleme der Gegenwart und vor allem keine seriöse Gestaltung von Zukunft geben kann. Wir dürfen deshalb nicht aufhören, gegenüber den Höckes und Gaulands, aber auch gegenüber den Sarrazins und Pirinçcis in diesem Land Haltung zu zeigen. Und wir müssen wieder stärker dazu übergehen, unsere Haltung auch öffentlich zu machen, die Auseinandersetzung zu suchen und eine gesellschaftliche Debatte zu führen. Denn populistische Strömungen wie die AfD können auch deswegen so erfolgreich in ihren trüben Gewässern fischen, weil wir uns in der politischen und gesellschaftlichen Auseinandersetzung angewöhnt haben, lieber den Konsens zu suchen als den öffentlichen Streit.

Doch Konsens kann auch lähmend sein, besonders dann, wenn er sich auf einen Teil der Gesellschaft beschränkt, und Streit ist oft produktiv. Denn nur, wenn wir miteinander streiten, lernen wir, die eigene Haltung mit der des Gegenübers in Dialog zu setzen.

Auch deshalb soll dieses Buch keine Autobiografie sein, sondern ein bescheidener Debattenbeitrag zur Analyse des Zustands unserer Gesellschaft und zu der Frage, in welcher Welt wir heute und in Zukunft leben wollen. Eine Debatte, die es braucht, wenn wir nicht zulassen wollen, dass die lauter werdenden rechten Kräfte bei dem Versuch, unsere Gesellschaft weiter zu spalten und so unseren Begriff von Freiheit und Demokratie weiter zu erodieren, Erfolg haben.

Lassen Sie uns diese Debatte also führen. Widersprechen Sie mir ruhig. Ich bin es gewöhnt. Und ich freue mich darauf. Denn ich mache seit fast vierzig Jahren Filme aus diesem Grund.

Kapitel 2

Am Anfang war das Bild

Ein weiß verputztes Haus in der Ortenaustraße in Mannheim-Lindenhof Anfang der 1970er-Jahre. Davor unzählige Fahrräder, wild durcheinandergeparkt. Im Keller des Hauses die zu den Fahrrädern gehörenden Kinder, insgesamt vierzig bis fünfzig, auf engstem Raum dicht an dicht aneinandergepresst. In dem eigentlich viel zu kleinen Hobbykeller ist kein freies Fleckchen Boden mehr zu sehen. Der Blick der Kinder ist gebannt auf eine improvisierte Leinwand gerichtet, auf der, untermalt vom stoischen Rattern eines Quelle-Projektors und begleitet von der Musik eines Kassettenrekorders, ein Walt-Disney-Film flimmert.

Die eigene Geschichte hat im Rückblick immer viele Anfänge. Die Frage, warum wir im späteren Leben das tun, was wir tun, und warum wir geworden sind, wer wir sind, hat in der Regel viele Antworten. Persönlichkeit entsteht nicht von heute auf morgen, sondern sie ist das Ergebnis unserer Herkunft, vielfältiger Einflüsse, einschneidender Schlüsselerlebnisse und oft auch biografischer Brüche. Identitätsfindung ist kein plötzliches Erwachen, sondern ein immerwährender, meist unbewusster und manchmal auch ein schmerzhafter Prozess.

Wenn ich versuche, an den Anfang von allem zurückzudenken, ist es immer die Faszination für Bilder, an die ich mich erinnere, für die Geschichten, die man mit ihnen erzählen kann, kurz: für den Film. Und das völlig überfüllte Kino, das ich im Keller meines Mannheimer Elternhauses mit viel Sorgfalt für meine Mitschüler und die Nachbarskinder eingerichtet hatte, gehört ganz sicher zu meinen wichtigen frühen Lebensstationen.

Ich muss vielleicht sieben oder acht Jahre alt gewesen sein, als ich zum ersten Mal ein richtiges Kino von innen und dort meinen ersten Kinofilm gesehen habe. Regelmäßig begleitete ich meine Mutter, wenn sie die Zeitungsartikel, die sie geschrieben hatte, von Mannheim aus mit der Straßenbahn nach Ludwigshafen zur *Rheinpfalz* brachte. Journalismus war damals, in den Sechzigerjahren des letzten Jahrhunderts, noch ein analoges Geschäft. Meine Eltern schrieben nicht nur in der Redaktion, sondern oft auch zu Hause, ihre Artikel gaben sie dann vor Redaktionsschluss entweder telefonisch durch oder brachten sie, wenn sie länger oder komplexer waren, eben zur weiteren Besprechung persönlich im Zeitungsgebäude in Ludwigshafen vorbei.

Wenn eine solche Besprechung länger dauerte, durfte ich zur Überbrückung der Wartezeit im Kino neben dem Verlagsgebäude meine ersten Kinderfilme anschauen. *Frau Holle*, *Cinderella* und tschechische Märchenfilme wurden so meine ersten, kindgerechten cineastischen Einflüsse, an die ich mich erinnere.

Die Wirkung dieser Kinoerlebnisse verfolgte mich bis nach Hause. Dabei waren es nicht nur die in den Filmen erzählten Geschichten, die mich beeindruckten und umtrieben, sondern es war vor allem die Frage, wie es überhaupt möglich war, dass man scheinbar nur mithilfe einer Lichtquelle ein erkennbares Bild auf eine Fläche fallen lassen konnte. Ich wollte unbedingt herauskriegen, wie das funktionierte. Ein Schnapprollo vor dem Schlafzimmerfenster wurde zu meiner ersten Leinwand. Mit einer Nachttischlampe, die ich davor platzierte, versuchte ich,

Bilder darauf zu projizieren, was natürlich nicht gelang. Damit überhaupt etwas auf meiner improvisierten Leinwand zu sehen war, habe ich schließlich in kindlicher Naivität im Schein der Nachttischlampe das Schnapprollo mit den Stiften meiner Mutter mit Cinderellabildern vollgemalt.

Die nächsten Schritte meiner frühkindlichen Professionalisierungsversuche entsprachen dann den für Kinder verfügbaren technischen Möglichkeiten der späteren Sechzigerjahre: Im Spielwarenladen in Ludwigshafen konnte man erste Disney-Diascheiben kaufen, die einzeln durch einen kleinen, batteriebetriebenen roten Plastikprojektor gezogen und so an die Wand geworfen wurden. Es blieb also zunächst bei den statischen Bildern. Dieses rudimentäre Projektionsverfahren entwickelte sich dann jedoch relativ schnell weiter. Aus dem Diaprojektor wurde ein Super-8-Filmprojektor. Ich erinnere mich noch genau an das erste Modell, einen Revue-Foto-Quelle-Projektor ohne Ton, mit dem man nur die dazugehörigen Disney-Filme abspielen konnte. Die untermalte ich dann mit Musik aus dem Kassettenrekorder. Später wurde aus dem Stummfilmprojektor ein Super-8-Tonfilmprojektor. Wieder von Revue-Foto-Quelle. Ich glaube, ich habe damals wie besessen um jedes neue Modell gekämpft.

Doch alles änderte sich schlagartig, als ich meinen Eltern zu meinem elften Geburtstag eine Super-8-Kamera abtrotzte. Ein für damalige Zeiten ungeheuer kostbares Geschenk. Der Preis für das günstigste Modell, eine Revue S4 Super 8, entsprach einem durchschnittlichen Wochenlohn. Eine einzige Kassette für drei Minuten Farbfilm schlug mit einundzwanzig D-Mark zu Buche, und für Projektor und Leinwand, die man brauchte, um die entstandenen Filme auch zeigen zu können, wurden noch einmal zwei Hunderter fällig.

Für mich aber war es vor allem die Tür zu einer neuen Welt: Nun war ich in der Lage, selber die Bilder herzustellen, die ich auf der Leinwand sehen wollte, und den eingekauften Geschichten meine eigenen hinzuzufügen!

Zum ersten Einsatz kam meine neue Kamera beim Ludwigshafener Fastnachtszug im Februar 1971. Mit der Kamera im Anschlag rannte ich halsbrecherisch zwischen den Wagen herum, kaum geübt im Umgang mit dem neuen Gerät, aber enthusiastisch auf der Suche nach dem besten Motiv und der richtigen Perspektive. Das muss so lebensgefährlich ausgesehen haben, dass irgendwann ein Karnevalist ein Einsehen hatte und mich beherzt mitsamt meiner Kamera auf die Ehrentribüne hob. Dort saß ich nun – nicht zuletzt dank meiner Filmleidenschaft – zwischen den Oberbürgermeistern von Ludwigshafen und Mannheim und dem Ministerpräsidenten von Rheinland-Pfalz, Helmut Kohl, und habe den Rest des Zuges aus dieser Perspektive weitergefilmt.

Die nächsten Dreharbeiten wurden dann wesentlich besser geplant. Ich begann damit, die Geschichten aus dem Deutschunterricht meiner Schule zu verfilmen. Das Deutschlesebuch wurde dabei zu meiner Stoffvorlage. Mithilfe meiner Mutter schrieb ich die Lesebuchgeschichten zu einfachen Drehbüchern um, vervielfältigte sie und verteilte sie an meine Mitschüler, die ich als Schauspieler für meine Filme verpflichtete. Geprobt und gedreht wurde bei uns im Garten.

Schnell wurden die Produktionen aufwendiger. In die Verfilmung einer Geschichte von Roland Nitsche, *Kapitän Frisell operiert*, aus ebenjenem Deutschbuch wurde nicht nur meine gesamte Schulklasse eingebunden, sondern ich setzte auch durch, dass ich den Film an einem Ruhetag auf dem Restaurantschiff »Kurpfalz«, das auf der anderen Rheinseite in Ludwigshafen vor Anker lag, drehen durfte. Die dazugehörigen Matrosenkostüme organisierten wir vom Nationaltheater Mannheim, wo sie ursprünglich in der Oper *Madama Butterfly* eingesetzt worden waren. Über meine Mutter gab es gute Kontakte zum Mannhei-

24

mer Theater, und meine Schwester, die es anders als mich, aber mit ähnlicher Leidenschaft zum Theater statt zum Film zog, arbeitete dort später jahrelang als Statistin. Die Mutter eines Klassenkameraden gab dem Darsteller des Kapitän Frisell um der größeren Authentizität der Geschichte willen einen Schnellkurs in Sachen Blinddarmoperation. Ich selbst war Drehbuchautor, Regisseur, Kameramann und Cutter in Personalunion. So wurde *Kapitän Frisell operiert* zu meinem ersten eigenen Spielfilm, der es als Jugendfilm sogar bis in das Beiprogramm der Mannheimer Filmwoche schaffte.

Natürlich brauchte ich als angehender Filmemacher ein Publikum. Das bestand zunächst aus meinen Eltern und meiner Schwester, bis ich schließlich dazu überging, die Kinder aus der Nachbarschaft einzuladen. Ich werde dreizehn oder vierzehn Jahre alt gewesen sein, als ich anfing, unseren Keller für meine Zwecke umzubauen. Mit aller mir damals zur Verfügung stehenden Energie machte ich mich daran, in dem Hobbykeller, den unser Haus – wie die meisten Familienhäuser dieser Zeit – damals besaß, ein Kino nach meinen Vorstellungen einzurichten, mit Styroporplatten an der Decke und einer selbst gebauten Lautsprecheranlage.

Für die Disney-Filme, die ich hier zeigte, begann ich, Eintritt zu nehmen, zehn oder zwanzig Pfennig – auch, um meine zunehmend kostspieliger werdende Filmleidenschaft zu finanzieren. Und ich gab meinem ersten eigenen Kino einen Namen: Kino Big Ben.

Der Betrieb dieses kleinen Kinos florierte. Das lag auch an der Parallelität von Vorführung und Produktion. Denn neben den eingekauften Disney-Filmen zeigte ich natürlich auch die Filme, die ich im Laufe der Zeit mithilfe meiner Mitschüler selber drehte.

Zwischen meinem zwölften und achtzehnten Lebensjahr entstanden so pro Jahr bis zu vier oder fünf kleinere und größere »Produktionen«, bei denen bald die halbe Schule mitspielte. Und die Filme wurden länger, denn auch das mir zur Verfügung stehende Material wurde besser: Auf die größte Rolle für Super-8-Projektoren passten gut fünfundvierzig Minuten Filmmaterial. Seit 1973 gab es auch Tonfilmkassetten. Das sogenannte Livetonverfahren war allerdings noch sehr umständlich, da die Tonspur aus technischen Gründen um achtzehn Bilder versetzt lief, was vor allem den Schnitt sehr aufwendig machte. Das kurz darauf verfügbare Lichttonverfahren war zwar einfacher in der Handhabung, aber dafür waren die Projektoren sehr teuer, wodurch mein Kino zur noch wichtigeren Finanzierungsquelle meiner Filmprojekte wurde.

Im Prinzip machte ich also schon damals nichts anderes, als ich heute mache: Ich drehte und produzierte Filme und sorgte dafür, dass sie sich finanzierten und ein möglichst großes Publikum fanden.

Dadurch, dass immer mehr Mitschüler in meine Filme eingebunden waren, wuchs schon allein durch die Zahl der Mitwirkenden auch das potenzielle Publikum der jeweiligen Filmvorführungen auf natürliche Weise, sodass unser Keller bald aus allen Nähten zu platzen drohte. Irgendwann riefen zunehmend besorgte Eltern an, die wissen wollten, wie das denn gehe, dass da fünfzig Kinder in einem dunklen Keller säßen, und meine Mutter berichtet, dass sie angesichts der zahllosen Fahrräder vor der Tür auch schon mal Besuch von einem Mitarbeiter des Gewerbeaufsichtsamtes bekommen habe, der wissen wollte, ob es sich bei diesem Kino Big Ben denn eigentlich um einen ordnungsgemäß angemeldeten Gewerbebetrieb handele. Ich sah mich also zunehmend nicht nur mit mangelnden Platzkapazitäten, sondern auch mit Ordnungs- und Brandschutzfragen konfrontiert. Irgendwann stand fest: Ich war gezwungen, mein so sorgfältig eingerichtetes und geliebtes Kellerkino an einen anderen Ort zu verlegen.

Vom Keller zog ich also um, zunächst in die zum Haus gehörende Garage meiner Eltern. Die war zwar nicht viel größer als der bisherige Kellerraum, aber immerhin hätte man dort im Notfall durch das geöffnete Garagentor schnell nach draußen flüchten können.

Mit dem wachsenden Erfolg veränderte sich auch das Geschäftsmodell meines kleinen Kinos. Während ich in meiner Anfangszeit als Kinobetreiber auf eine Mischkalkulation einfach zugänglicher Disney-Filmchen und selbst produzierter Filme mit hohem Beteiligungs- und Identifikationsfaktor setzte, begann mein Programm mit dem Umzug in die Garage, cineastisch anspruchsvoller zu werden.

Ich professionalisierte meinen kleinen Betrieb dadurch, dass ich inzwischen auch in der Schule die Rolle des Filmvorführers übernommen hatte und somit dafür zuständig war, von der örtlichen Stadtbildstelle in Mannheim Filmprojektoren und das dazugehörige Filmmaterial für den Unterricht in der Schule auszuleihen. Diese Filmprojektoren habe ich dann nach Schulschluss – illegalerweise – mit nach Hause geschleppt, wo ich sie in der Kinogarage erneut aufstellte, um dort – ebenfalls von der Stadtbildstelle ausgeliehene – Filmklassiker zu zeigen. Auf diese Weise liefen in meinem Kino nun auch Filme wie Carol Reeds Graham-Greene-Verfilmung *Der dritte Mann* oder Carl Zuckmayers *Des Teufels General* mit Curd Jürgens in der Hauptrolle.

Aber auch noch größere, aktuellere Blockbuster zu zeigen, wurde mir durch einen nicht ganz legalen Trick möglich: Man konnte sich bei größeren Verleihen auch Filme wie Sergio Leones Italowestern *Spiel mir das Lied vom Tod* in mehreren Rollen als 16-Millimeter-Kopie zusammenbestellen. Allerdings waren diese Kopien nicht für den kommerziellen Kinobetrieb vorgesehen, sondern für Vorführungen in sogenannten »Minikinos« im ländlichen Raum, wo es keine anderen Kinos gab. Natürlich gehörte die Stadt Mannheim nicht zu diesem ländlichen Raum, und auch mein Garagenkino wäre schwerlich als Minikino im Sinne des von den Verleihen vorgegebenen Zweckes durchgegangen. Also habe ich die Kopien über irgendeine Scheinadresse in Neckarsulm bestellt und von dort nach Mannheim in die Garage geholt.

Von da an wurde es richtig groß: Die Garage reichte längst nicht mehr aus, und ich landete schließlich mit meinem Kino im Gemeindesaal der Mannheimer Markuskirche, wo ich regelmäßig Filmvorführungen mit bis zu fünfhundert Zuschauern veranstaltete. Und ich gebe zu, dass ich bei diesen Gelegenheiten auch mehr als zwanzig Pfennig Eintritt verlangt habe.

Kapitel 3

Die Erkenntnis, dass die Welt das Kino verändert – und das Kino vielleicht die Welt

Ich habe viel Glück gehabt mit den Anfängen meiner Geschichte. Dass ich mir die Welt des Films so früh und auf so selbstverständliche und spielerische Art und Weise erobern konnte, dass ich dafür Teile unseres Hauses okkupieren und umbauen durfte und dass ich die durchaus kostspieligen Ressourcen dafür in einer Zeit zur Verfügung hatte, in der in meiner Familie das Geld in keiner Weise im Überfluss vorhanden war, habe ich natürlich meinen Eltern zu verdanken. Und das, obwohl sie mit meinem Treiben keineswegs vorbehaltlos einverstanden waren.

Ich weiß, dass gerade meine Mutter sich in dieser Zeit oft Sorgen machte, was aus ihren Kindern werden sollte. Meine Schwester mit ihrer Leidenschaft für das Theater und ich mit meiner Leidenschaft für den Film versprachen nicht unbedingt, Karrieren einzuschlagen, von denen man ihrer Ansicht nach würde leben können. Meine Schwester hatte begonnen, im Mannheimer Nationaltheater kleinere Rollen zu übernehmen, was bei uns zu Hause für heftige Diskussionen sorgte. Denn meine Mutter war bei aller Theaterbegeisterung dann doch beunruhigt, welchen Einfluss der Inhalt der Stücke, in denen meine Schwester spielte, auf ihre charakterliche und seelische Entwicklung haben könnte. Meine Mutter glaubte an das Theater und an seine Wirkung auf Menschen. Und sie liebte und fürchtete diese Wirkung gleichermaßen.

Was mich betraf, wäre es meiner Mutter viel lieber gewesen, wenn ich mich statt dem Film dem Journalismus zugewendet hätte. Als Vollblutjournalistin, die sie war, sah sie darin im Vergleich zum aus ihrer Sicht mehr als unsicheren Filmgeschäft eine wesentlich verlässlichere Perspektive.

Aber trotz dieser Vorbehalte hat sie mich unterstützt. Gegen ihre eigene Skepsis hat sie meine Filmprojekte ernst genommen. Sie hat meine Drehbücher redigiert oder sie in Zeiten, in denen man zum Vervielfältigen der Rollenbücher noch nicht einfach in den Copyshop an der nächsten Ecke spazieren konnte, sogar mehrfach abgetippt, damit ich sie meinen Mitfilmern zur Verfügung stellen konnte. Sie hat mir bei der Organisation der ersten Drehs geholfen, was ja auch dringend nötig war – ich war elf, als ich meine erste eigene Filmproduktion, Schiffsdreh inklusive, in Gang setzte.

Und letztendlich ist sie es gewesen, die mir und meiner Schwester durch ihre Hinwendung zur Kultur, zum Theater und zur Literatur den Weg in eine Welt, die sie dann durchaus auch besorgte, überhaupt erst aufgezeigt hat.

Meine Eltern, und hier vor allem mein Vater, waren es auch, die mich schon früh mit der Welt des ernsthafteren, des politischen Films in Berührung brachten. Neben ihrer Arbeit als Journalisten, damals noch für *Die Rheinpfalz*, waren sie auch ehrenamtlich für die Öffentlichkeitsarbeit der Internationalen Filmwoche Mannheim tätig. Mein Vater wurde dort Pressechef.

Dieses Filmfestival, das 1952 als »Mannheimer Kultur- und Dokumentarfilmwoche« ins Leben gerufen wurde und das nach wie vor als »Internationales Filmfestival Mannheim-Heidelberg« jedes Jahr im Herbst stattfindet, gehörte schon damals – und gehört bis heute – zu den bedeutendsten Festivals für den ausländischen Autorenfilm in Deutschland. Ganz im Sinne ihrer Gründer war die Mannheimer Filmwoche lange eines der Schaufenster der europäischen Avantgarde. Und zumindest in den Sechziger- und Siebzigerjahren spielte das Festival in einer Liga mit der Berlinale oder den Filmfestspielen in Venedig. In der Preisjury des Festivals saßen über die Jahre internationale Regielegenden wie Fritz Lang, Josef von Sternberg, Bernardo Bertolucci, István Szabó oder Joris Ivens, dazu in späteren Jahren Werner Herzog, Peter Schamoni oder Edgar Reitz. Und immer schon war die Mannheimer Filmwoche ein ausgesprochen politisch geprägtes Festival.

Als mein Vater dort die Pressearbeit übernahm, war ich gerade eingeschult worden. In den folgenden Jahren waren es vor allem Filmemacher aus Osteuropa, aus der Ukraine und aus Russland, die mit ihren Filmen zu Gast bei der Filmwoche waren. Für meinen Vater war das ein wichtiger Antrieb für seine Arbeit bei dem Festival. Und andersherum: Sicher hat mein Vater auch diese Ausrichtung der Filmwoche nach Osten hin inhaltlich mitgeprägt, denn die Länder, aus denen die Filmschaffenden kamen, waren die Länder, in denen er in der NS-Zeit als Wehrmachtssoldat hatte kämpfen müssen.

Für ihn waren diese Länder, war der gesamte östliche Raum aufgrund seiner Kriegserlebnisse von zentraler Bedeutung. Die permanente kulturelle und politische Beschäftigung damit war seine Art, mit den traumatischen Erlebnissen seiner Jugendjahre umzugehen. Das betraf seine Arbeit bei der Mannheimer Filmwoche ebenso wie seine journalistische Tätigkeit als Politikredakteur. Er war mit Walentin Falin, dem damaligen russischen Botschafter, gut bekannt, und obwohl ich zu der Zeit gerade mal elf Jahre alt war, erinnere ich mich genau, welche Bedeutung der Kniefall Willy Brandts am 7. Dezember 1970 vor dem Ehrenmal für die Toten des Warschauer Ghettos für ihn hatte. Mein Vater begleitete Willy Brandt damals als Mitglied des offiziellen Pressekorps auf dessen Reise nach Warschau, so wie er später als Bonner Korrespondent auch Helmut Kohl auf seinen Reisen durch Europa folgte. Doch diese Demutsgeste eines deutschen Bundeskanzlers mit der Bitte um Vergebung für die deutschen Verbrechen während des Zweiten Weltkrieges war für meinen Vater mehr als der Ausdruck einer fortgesetzten sozialdemokratischen Ostpolitik. Mit diesem Kniefall setzte sich Willy Brandt in den Augen meines Vaters auch stellvertretend für ihn selbst auf eine Art und Weise mit der jüngeren deutschen Vergangenheit auseinander, zu der er selbst zu diesem Zeitpunkt in dem Maße noch gar nicht in der Lage war.

Überhaupt war Willy Brandt für meinen Vater eine zentrale politische Figur wie kaum jemand sonst. Natürlich aufgrund seiner Haltung, aber auch, weil mein Vater in ihm so etwas wie eine symbolische Vaterfigur entdeckte. Sein Vater – also mein Großvater – war als Kommunist in den Zwanzigerjahren ins Ausland geflohen. Mein Vater hat dadurch seinen leiblichen Vater nie gesehen und nie mit ihm zusammengelebt. Im Leben meines Vaters war das, noch vor Ausbruch des Krieges, der erste große Lebensbruch gewesen, auf den weitere folgen sollten.

Anders als sein Vater, ist er später nicht geflohen. Er hat sich dem Naziregime nicht entzogen oder verweigert, sondern ist als Wehrmachtssoldat im Namen des Deutschen Reiches ins Feld gezogen. Nicht, weil er ein überzeugter Nazi gewesen wäre, sondern weil die Logik des ausbrechenden Krieges so war. Anders als Willy Brandt, der vor den Nazis nach Skandinavien geflohen war, ist mein Großvater auch nach dem Krieg nicht ins »faschistische« Westdeutschland zurückgekehrt, sondern bewusst in den Osten Deutschlands gegangen, wo er später in der DDR gestorben ist, ohne jemals den Kontakt zu seinen Kindern aufzunehmen. Ich selbst habe ihn nie kennengelernt.

Von seinen kommunistischen Überzeugungen sind seinem Sohn – meinem Vater –, dem ehemals im Osten kämpfenden Wehrmachtssoldaten und dessen Zwillingsschwester die Namen geblieben: Karl und Rosa, so wurden die Geschwister getauft, benannt nach Karl Liebknecht und Rosa Luxemburg. Doch der Geist der Zeit ging über den Kommunismus und auch über diese Namenswahl hinweg: Meine Großmutter rief ihre Kinder später Klaus und Rosemarie. Nur mit diesen Namen kannte auch ich meinen Vater und meine Tante, und nur so signierte mein Vater als Journalist auch seine Artikel.

Noch in späteren Jahren standen auf dem Schreibtisch meines Vaters keine Familienbilder, sondern zwei Fotos: Das Bild des knienden Willy Brandt in Warschau und ein Foto der Fotografin Barbara Klemm, das Helmut Kohl nach dem Fall der Mauer bei seiner Rede in Dresden inmitten von Deutschlandfahnen zeigt. Dieses Bild verkörperte für ihn nicht einmal unbedingt die deutsche Wiedervereinigung, sondern vielmehr die neue deutsche Europapolitik unter Helmut Kohl.

Das andere Bild, dieser Kniefall in Warschau, war für ihn jedoch viel mehr. Es war die symbolische Rückkehr Deutschlands in eine zivilisierte und demokratische Gemeinschaft unter der Anerkennung der eigenen Schuld.

All diese Gedanken mögen auch während der zehn Tage Mannheimer Filmwoche im Jahr für meinen Vater und auch für meine Mutter eine große Rolle gespielt haben. Ich war damals zu klein, um genau zu verstehen, worum es bei den Diskussionen ging, die im Anschluss an die Filmvorführungen begannen und die dann im Hause meiner Eltern bis in die Nacht lebhaft fortgesetzt wurden.

Es gab damals wenig etablierte Orte, an denen ein öffentlicher und offener politischer Diskurs geführt werden konnte. Gleichzeitig war das Bedürfnis nach Kommunikation und dem Austausch zwischen Presse und Politik riesengroß. Die wichtigen Auseinandersetzungen, auch die politischen Begegnungen, fanden meist in Privathäusern statt.

Dadurch dass meine Eltern beide Journalisten waren, war ihr Haus prädestiniert dazu, ein Ort des politischen Lebens zu sein. Wirtschaftsleute und Politiker gingen bei uns zu Hause ein und aus. Auch Helmut Kohl war in seiner Zeit als Ministerpräsident immer wieder zu Gast im Haus meiner Eltern. Er traf dort die *Rheinpfalz*-Redakteure und brachte zu diesen Treffen immer wieder auch Minister aus seinem Kabinett mit. Meine Eltern kannten Helmut Kohl schon aus seiner Zeit bei der Jungen Union in den Fünfzigerjahren, als er regelmäßig abends in die Redaktion der *Rheinpfalz* kam, um dort zusammen mit einem jungen Redaktionskollegen möglichst ungesehen im Fernschreiberraum die Kopien der Fernschreibernachrichten zu lesen. Als Ministerpräsident war die *Rheinpfalz* für Kohl ein wichtiges Presseorgan geworden, mein Vater dort inzwischen Chef vom Dienst.

Legendär ist der Abend, an dem Helmut Kohl in einer »Pfälzer Runde« in unserem Haus plötzlich seine Schuhe auszog und die Konversation in Socken weiterführte. Der ebenfalls anwesende Hans Moell, Mitglied des BASF-Vorstandes, erstarrte, als er das sah. Noch lange danach hieß es: »Das hat der Kohl doch an dem Abend gesagt, als er bei Hofmanns die Schuhe ausgezogen hat.«

Wenn unser Haus zu normalen Zeiten ein offenes Haus war, dann herrschte dort während der Mannheimer Filmwoche Ausnahmezustand. Einige der eingeladenen Filmemacher wohnten bei uns, und die meisten kamen nach den Filmvorführungen bei uns zusammen. Es gab damals noch keine Altersbeschränkung, und mein Vater nahm mich zu vielen Vorführungen mit, obwohl ich mit zwölf, dreizehn, vierzehn Jahren von dieser Art Filme vollkommen überfordert war. Ich habe *Das gelobte Land* von Andrzej Wajda gesehen oder ein Meisterwerk wie Jiří Menzels *Scharf beobachtete Züge*, aber ich war natürlich viel zu jung, um die Doppelbödigkeit dieser Filme auch nur ansatzweise zu verstehen. Doch all diese Filme waren eben Bestandteil auch meiner Filmwoche, so wie viele andere polnische, ungarische oder tschechische Arbeiten, die in Mannheim gezeigt wurden.

In den Zeiten des »Prager Frühlings« Ende der Sechziger- und der Zeit nach dessen Niederschlagung Anfang der Siebzigerjahre wohnten unter anderen Antonin Liehm und seine Frau Mira regelmäßig bei uns, die immer wieder Gast der Mannheimer Filmwoche waren. Antonin Liehm, der später im amerikanischen und im Pariser Exil die Zeitschrift *Lettre* gründete, war so etwas wie die intellektuelle Speerspitze der tschechischen Kulturschaffenden. Seine Zeitschrift *Litérarní noviny*, in der Intellektuelle des ganzen Landes eine Öffnung und einen Systemwechsel forderten, gehörte zu den Wegbereitern der Freiheitsbewegung des »Prager Frühlings«, die dann mit dem Einmarsch der russischen Armee 1968 gewaltsam gestoppt wurde.

Selten waren die Tage und vor allem die Nächte bei uns im Haus so turbulent wie in der Zeit, in der Antonin Liehm, die Filmemacher des »Prager Frühlings« und andere osteuropäische Filmschaffende und die mit ihnen angereisten Künstler und Intellektuellen, die natürlich auch wegen ihrer eigenen Projekte für das Festival nach Mannheim kamen, bei uns zu Besuch waren. Die Atmosphäre bei uns zu Hause war in diesen Tagen extrem lebendig und alkoholgeschwängert. Es wurde unfassbar viel getrunken und noch viel mehr geraucht, das ganze Haus war in diesen Tagen von einer wilden Vitalität durchströmt. Die Stimmung war laut, fröhlich und energiegeladen, und das, obwohl viele Menschen unter den Anwesenden waren, die vor Repressalien und Unterdrückung geflohen waren.

Es war eine äußerst lebendige Zeit, in der es jede Nacht und oft bis in die Morgenstunden hoch herging. Einmal kam meine Mutter morgens aus dem Schlafzimmer nach unten und fand sämtliche Möbel an die Wand gerückt, auch unser schweres blaues Sofa. Mein Vater klärte sie auf: Die Filmregisseurin Věra Chytilová war gemeinsam mit der Kunstturnerin Eva Bosáková mit von der Partie gewesen, und Eva Bosáková, Vizeweltmeisterin am Stufenbarren 1958 und Goldmedaillengewinnerin am Schwebebalken bei den Olympischen Spielen 1960, hatte ihre Olympiakür noch einmal vorgeführt. Auf der Lehne unseres blauen Sofas.

Ich erinnere mich gut daran, dass ich irgendwann mitten in der Nacht im Schlafanzug nach unten kam, weil ich nicht schlafen konnte. Da waren weit nach Mitternacht alle noch immer beim Essen, Trinken und Rauchen. Und beim Diskutieren. Es wurde über die Filme, die am Tag im Rahmen des Festivals gezeigt worden waren, debattiert und auch gestritten. Und es wurde über Politik diskutiert. Über den »Prager Frühling«, über Fluchtgründe und -schicksale, über Unterdrückung und über Demokratie. Denn darum ging es ja: um die Erfahrung der Unterdrückung und um das Aufbegehren dagegen. Und in all diesen Ländern waren die Kultur und das Filmemachen das Mittel zum Protest!

Vielleicht war es genau das, was die große Verbindung und Verbundenheit meiner Eltern mit diesen oftmals geflohenen Künstlern aus dem Osten ausgemacht hat: die Erkenntnis der Bedeutung von Demokratie als Befreiungsinstrument gegen Unterdrückung. Die Demokratie hatten meine Eltern vor nicht allzu langer Zeit ja selbst erst entdeckt. Sie war ihnen kostbar,

und für sie wären sie rund fünfundzwanzig Jahre nach Kriegsende jede Debatte zu führen bereit gewesen.

Auch wenn ich von dem intellektuellen Diskurs, der in diesen
Nächten bei uns im Haus geführt wurde, nicht einmal die Hälfte
verstand, begriff ich doch, dass hier etwas Großes und Bedeutsa-
mes verhandelt wurde. Und dass das Filmemachen noch einmal
so viel mehr bedeuten konnte als die im Verhältnis dazu doch
eher kleine Welt, die ich mit meinen Mannheimer Produktionen
und meinem Kino in der Garage meiner Eltern durchmaß. Die
kompromisslose Haltung dieser Filmschaffenden beeindruckte
mich tief. Auch wenn mir viele Feinheiten der hochfliegenden
und leidenschaftlich geführten Diskussionen in unserem Wohnzimmer verborgen blieben, übertrugen sich doch die unglaubliche Energie und die Besessenheit dieser Filmemacher auf mich.

Instinktiv wurde mir klar, welch atemberaubende Kraft dem
Machen eines Films innewohnen kann und dass die Wirkung
eines Films nicht endet, wenn im Zuschauersaal das Licht angeht, sondern im Gegenteil: dass er bisweilen erst durch die Debatten und Gespräche, die er entfacht, seine volle Wirkung und
Wucht entfaltet. Film ist nicht eine Sache der Fiktion allein. Film
hat etwas mit Wirklichkeit zu tun, mit dem Leben und der Welt
da draußen, das hatten mir diese Menschen, die hier im Wohnzimmer meiner Eltern tranken, rauchten und redeten, deutlich
und auf eine Weise, die mich bis heute beeindruckt und prägt,
gezeigt. Denn sie hatten in ihren Heimatländern mit ihren Filmen etwas ausgelöst, wofür sie mit ihrer gesamten Existenz einstanden, Repression und Verfolgung inklusive.

Davon legten sie auf dem Festival in Mannheim und bei den
Zusammenkünften in unserem Haus lebhaft Zeugnis ab. Und
sie waren der festen Überzeugung, mit ihren Filmen die Welt
verändern zu können. Denn das war ja schließlich der Grund,
warum sie sie machten.

Kapitel 4

Erwachsen werden

Die Wirklichkeit fand auch zunehmend Eingang in meine eigenen bescheidenen Filmversuche. Zwar hatte ich den Deutschunterricht des musisch geprägten Mannheimer Moll-Gymnasiums, das ich damals besuchte, zielsicher als vertrauenswürdigen Ort der Geschichten und des Geschichtenerzählens identifiziert, und auch das dazugehörige Lesebuch hielt noch etliche Geschichten bereit, aber ich spürte wohl, dass ich für meine Art des filmischen Erzählens von Geschichten auf Dauer mehr brauchen würde als gut gebaute fiktionale Grundlagen.

Dennoch entstanden im Laufe der Jahre mithilfe meiner Mitschüler noch einige weitere Produktionen nach ähnlichem Muster wie bei meinem »Debüt«, der Geschichte von Kapitän Frisell. Darunter einige durchaus spektakuläre Projekte. Schon früh drehte ich mit viel Ambition meinen ersten Western. Drehort für unseren »Wilden Westen« war die sogenannte »Reiss-Insel«, die nicht wirklich eine Insel, sondern ein bewaldetes Naturschutzgebiet in einem alten Rheinbogen westlich des Mannheimer Stadtteils Neckarau ist.

Inzwischen erfahrener mit den produzentischen Anforderungen des Filmgeschäftes, hatte ich mir vorsorglich vor Drehbeginn eine offizielle Drehgenehmigung des städtischen Grünflächenamtes besorgt. Wieder stammten die Kostüme aus dem

Fundus des Mannheimer Nationaltheaters, mitsamt recht realistisch aussehenden Vorderladern. Darsteller waren, wie so oft, vor allem Schüler meiner Jahrgangsstufe.

Mit Gewehren über der Schulter und Pistolen im Anschlag zog am Drehtag also eine grimmig dreinblickende Horde bewaffneter Heranwachsender in Wildwestmanier durch die sonst vor allem von Spaziergängern und Joggern bevölkerten Auenwälder. Es muss das Jahr 1976 gewesen sein, Deutschland befand sich mitten in der Auseinandersetzung mit der RAF, die Bevölkerung war durch Terroristen aufgeschreckt und sensibilisiert. Die Begegnung meiner Filmcrew mit verängstigten Spaziergängern und Naherholungsuchenden löste angesichts solcher Terrorwarnungen recht schnell einen Polizeieinsatz mit mehreren Streifenwagen und einem Polizeihubschrauber aus, der irgendwann direkt neben dem Filmteam landete.

Der Filmdreh war geplatzt – Drehgenehmigung hin oder her. Dieser missglückte Antiterroreinsatz brachte mich nicht nur zu meinem ersten Tobsuchtsanfall am Set, sondern bescherte mir auch eine ausführliche Berichterstattung in den lokalen Medien. Es sollte meine einzige Begegnung mit dem Wildwest-Genre bleiben.

Aber insgesamt veränderten sich meine Filme. Zum einen wurden sie professioneller. Zunehmend spielten darin nicht nur meine Mitschüler mit, es gelang mir auch, Ensemblemitglieder des Mannheimer Nationaltheaters als Schauspieler zu gewinnen. Vor allem aber änderten sich meine Stoffe. Sie wurden ernsthafter. Natürlich wollte ich unterhalten. Ich habe nie anders Filme gemacht als mit dem festen Willen, ein Publikum zu erreichen, es zu begeistern, es zu verführen und es zu emotionalisieren. Schon allein weil ich ja neben dem Regisseur von Anfang an auch mein eigener Kinobetreiber war, wusste ich: Ich brauche das Publikum. Ich muss es gewinnen, es finanziert meine Filme, es macht sie überhaupt erst möglich, indem es sie anschaut. Und umgekehrt: Ich mache meine Filme, *damit* ein Publikum sie anschaut. Diese Wechselwirkung ist mir seit jeher in Fleisch und Blut übergegangen, und sicher haben sich einige meiner wichtigsten Instinkte als Produzent in dieser frühen Zeit ausgebildet.

In mir schlug aber immer auch das Herz eines Journalisten. Und so suchte ich nach Stoffen, die nicht nur unterhielten, sondern saugte wie ein Schwamm die Realität um mich herum auf, immer auf der Suche nach Wegen, sie in meinen Filmen zu verarbeiten. Ich suchte nach etwas, das ich mit meinen Filmen mitteilen konnte, etwas, das ich dem Publikum, das ich ja auf glücklichem Wege so schnell und so zahlreich gewonnen hatte, mitgeben konnte. Ich suchte nach einem Weg, durch meine Filme mit dem Publikum in Dialog zu treten, es in Debatten zu verwickeln und meinen Filmen dadurch einen tieferen Sinn zu geben.

Auch wenn ich es damals so noch nicht hätte formulieren können: Ich suchte nach einer Haltung. Zu der Welt, die mich umgab und von der ich erzählen wollte, zu meiner Familie, meinen Eltern und nicht zuletzt auch zu mir selbst. Was ich damals ebenfalls noch nicht wusste: Diese Suche nach Haltung würde mich noch lange beschäftigen. Es sollte ein jahrzehntelanger Prozess werden, mit manchen euphorisierenden Momenten, aber auch mit vielen Phasen der Ruhelosigkeit, mit schmerzhaften Erkenntnissen und verstörender Selbsterkenntnis.

Zunächst entwickelte ich so etwas wie ein ausgeprägtes Mitteilungsbedürfnis und Sendungsbewusstsein. Interessanterweise war das der Aspekt meiner Filmerei, mit dem ich meine Mutter, die dem Ganzen noch immer sehr skeptisch gegenüberstand, am ehesten von der Ernsthaftigkeit meiner Leidenschaft überzeugen konnte. Wir waren damals eigentlich ständig im Theater.

Sowohl aufgrund der zunehmend stärker werdenden Beziehungen meiner Schwester zum Mannheimer Nationaltheater, aber auch, weil meine Mutter engen Kontakt zu vielen Künstlern aus der Theaterszene hielt. Der damalige Heidelberger Intendant Peter Stoltzenberg war einer ihrer besten Freunde.

Als ich wieder einmal mit meiner Mutter zusammen im Theater in Heidelberg saß, blätterte ich vor Beginn der Vorstellung im Programmheft zur Aufführung und stieß darin auf eine Zeichnung von A. Paul Weber. Man sah darauf von hinten einen alten König mit gesenktem Haupt, die Hände mit dem Zepter hinter dem Rücken verschränkt, sorgenvoll. Daneben sein Hofnarr, in gleicher Pose, ebenfalls sorgenvoll, die Hände mit dem Narrenzepter gleichfalls hinter dem Rücken verschränkt. Darunter der Titel der Zeichnung: »Wie sagen wir's dem Volke?« Ich zeigte darauf und sagte zu meiner Mutter, der Journalistin: »Warum verstehst du nicht, dass ich eigentlich das Gleiche machen will wie du?«

Dieser durchaus moralisch geprägte Antrieb, etwas mitteilen zu müssen, und gleichzeitig der Wunsch, gehört zu werden, egal ob als König oder als Hofnarr, verband uns. Meine Mutter setzte ihn konsequent in ihrer Arbeit als Journalistin um. Wirtschaftsjournalismus war zu ihrer Zeit anspruchsvoller Journalismus, auch gemacht für Leute, die selbst zur Wirtschaftselite gehörten. Der Anspruch meiner Mutter war dementsprechend hoch. Aber ihr journalistischer Anspruch war immer auch, dass die Artikel, die sie schrieb, nicht von einigen wenigen, sondern von vielen gelesen werden sollten. Und dass sie verstanden wurden. Wie schreibt man so, dass es die Leute interessiert? »Make yourself heard« war so etwas wie ein unausgesprochenes Mantra unserer Familie, das mich bis heute sehr beeinflusst hat.

Mich hat es immer schon interessiert, andere Menschen zu erreichen. Immer. Und während meine Mutter schrieb, um sich und ihrer Sache Gehör zu verschaffen, suchte ich in meinem Leben nach meiner eigenen Art, mich mitzuteilen und auf breiter Basis gehört zu werden. Ich suchte immer einen Weg in die Öffentlichkeit, es drängte mich zur direkten Auseinandersetzung. Also nutzte ich alle Kanäle, auf denen ich senden konnte.

Ich wurde Schülersprecher, schrieb für die Schülerzeitung, und ich begann, meine Filme so zu drehen, dass sie meinem sich ausprägenden moralischen Anspruch entsprachen. *Ballwechsel* hieß einer von ihnen, der Mitte der 1970er-Jahre entstand. Es war die Zeit der großen Jugendarbeitslosigkeit in der Bundesrepublik, die ersten geburtenstarken Jahrgänge verließen die Schule und drängten ins Berufsleben, doch die Wirtschaft erlebte nach dem Nachkriegsaufschwung erstmals eine Rezession. Die Ölkrise hatte die Preise nach oben und die Investitionen nach unten getrieben. Binnen weniger Monate hatte sich in Deutschland die Zahl der Arbeitslosen verdoppelt.

Ich war als Bürgersohn auf dem Gymnasium zwar alles andere als direkt davon betroffen, aber als politisch links engagierter Jugendlicher fühlte ich mich dem Thema verpflichtet und drehte mit einigen Mitschülern und Jugendlichen aus einem Mannheimer Jugendzentrum meinen ersten politischen Film zum Thema Jugendarbeitslosigkeit, der später nicht nur als weiterer Film seinen Weg in das Jugendprogramm der Mannheimer Filmwoche fand, sondern auch über Wochen in dem Jugendzentrum gezeigt wurde, in dem er entstanden war. Vor allem aber war es ein Film, bei dem sich die Genregrenzen deutlich weg vom Fiktionalen hin zum Dokumentarischen verschoben.

Es gab in dieser Zeit eigentlich nichts, was ich nicht mit meinen damaligen, mir zur Verfügung stehenden Mitteln filmisch verarbeitet hätte. Der Film wurde immer mehr zu meinem Weg, mich auszudrücken. In ihm fand ich die Sprache, die ich brauchte, um das zu verarbeiten, was mir in der Welt da draußen begegnete.

Und ich experimentierte – mit Formen, mit Stoffen und mit Erzählweisen. Gelegentlich schoss ich dabei über das Ziel hinaus. Denn mein Erzähldrang machte auch vor den Erlebnissen in meinem unmittelbaren Lebensumfeld nicht halt: meiner Familie.

Als ich fünfzehn war, ließen meine Eltern sich scheiden. Mein Vater verließ uns und zog mit einer anderen Frau zusammen, erst noch in Ludwigshafen, in räumlicher Nähe unseres alten Hauses, in dem meine Schwester und ich weiter mit unserer Mutter lebten, dann, als er Hauptstadtkorrespondent wurde, für mich unvorstellbar weit weg, nach Bonn. Die Ehe meiner Eltern war am Ende ein quälender Kampf gewesen. Meine Mutter versuchte lange, ihre Ehe zu retten. Mal durch stoisches Schweigen, mal durch heftigen Streit und erbitterte Diskussionen.

Und ich? Ich drehte nach dem Auszug meines Vaters einen Film darüber. Einen Film, an dem rein gar nichts erfunden war. Die Dialoge schrieb ich an unserem Wohnzimmertisch. Demselben Wohnzimmertisch, an dem ich die quälenden Aussprachen meiner Eltern und ihr ebenso quälendes Schweigen miterlebt hatte. Ihre Worte, ihre Dialoge flossen mehr oder weniger eins zu eins in mein Drehbuch ein. Als Drehort meines Beziehungsfilms wählte ich naheliegenderweise gleich unser Wohnzimmer, in dem ich zwei Schauspieler des Mannheimer Nationaltheaters recht unverstellt und ohne große künstlerische Verfremdung meine Eltern spielen ließ.

Für die Finanzierung dieses rund fünfzigminütigen Ehedramas mit dem Titel *Treibsand*, in dem jede Szene, jede Situation aus dem Leben meiner Eltern stammte, verbrauchte ich meine gesamten Ersparnisse inklusive meiner Einkünfte, die ich aus Schülerjobs in einem Schnellrestaurant und bei der Mannheimer Müllabfuhr hatte. Und ungerührt zeigte ich auch diesen Film, wie alle meine Filme, nach seiner Fertigstellung in der Samstagsvorstellung mcines kleinen Kinobetriebes.

Ich war zweifellos nah dran an der Realität mit diesem Film. Zu nah, denn zwischen dem, was ich darin zeigte, und der Art, wie ich es zeigte, gab es keinerlei künstlerische Distanz mehr. Ebenso wenig zwischen dem Stoff des Films, ja, dem ganzen Film und mir selbst. Streng genommen hatte ich keinen Film mehr gedreht, sondern eine Art radikaler Selbsttherapie unternommen. Aber auch das gehört zu meinem Weg, mit den eigenen Lebensbrüchen umzugehen und über die Arbeit am Film daraus eine eigene Haltung zu entwickeln, die ohne ein Verarbeiten des Erlebten gar nicht möglich wäre.

Interessanterweise behauptet meine Mutter heute, sie könne sich an diesen Film, von dem ich noch immer jede Minute auswendig zitieren könnte, überhaupt nicht erinnern. Er habe sie auch nie gestört, sagt sie. Ihre Art, Erlebnisse zu verarbeiten, sei das Schreiben. Wenn ich dafür Filme drehen müsse, bitte sehr. Anders als ich habe sie diesen Film damals auch nicht als einen ausdrücklichen Film über ihre eigene Ehe und ihre Scheidung wahrgenommen. Und das, obwohl der Darsteller des Mannes meinem Vater in Aussehen und Habitus durchaus ähnlich gewesen war.

Für mich war die Trennung meiner Eltern eine Katastrophe und eine entscheidende Lebenszäsur. Vielleicht die erste überhaupt. Unser Leben veränderte sich radikal. Meine Mutter war nun allein mit zwei Kindern. Sie verließ in dieser Zeit die *Rheinpfalz*, bei der sie ja ebenso wie mein Vater gearbeitet hatte, und begann ihre Arbeit bei der *FAZ*. Ein sehr mutiger Schritt in ihrer auch finanziell nicht einfachen Situation, der ja dann zu einer veritablen Karriere in der Wirtschaftsredaktion führte. Ich war plötzlich der einzige Mann in der Familie und blieb mit jeder Menge Fragen zurück.

Ich hatte erkennen müssen, dass es für gewisse Dinge in meiner Familie keine Sprache gegeben hatte. Und das in einer

Familie, in der die Kraft des Wortes doch so viel bedeutete. Warum war es meinen Eltern, warum war es vor allem meinem Vater nicht mehr gelungen, eine gemeinsame Sprache mit meiner Mutter zu finden? Und warum stießen die Möglichkeiten von Sprache bei ihm, der als Journalist doch ein Meister im scharfen und genauen Formulieren war, dort an die Grenzen, wo es um ihn persönlich und vor allem um die eigene Emotionalität ging?

Ich begann in dieser Zeit, viel über meine Eltern nachzudenken. Über die Art, wie sie miteinander gelebt, was sie miteinander geteilt hatten, wo sie sich einander und wo sie sich mir öffneten und wo sie eher verschlossen blieben. Denn natürlich übertrug ich als Heranwachsender ihren Konflikt auch auf mich, suchte auch bei mir selbst nach Defiziten und haderte mit meiner eigenen Emotionalität. Nach außen jedoch ging es mir blendend, ich stürzte mich in meine Filmaktivitäten und mein Kino, war als Schülersprecher sehr aktiv und in beiden Funktionen – und auch in der produktiven Verknüpfung beider Bereiche – sozial und öffentlich bestens vernetzt.

Ich war zu jung, um noch Teil der Achtundsechziger-Bewegung und ihrer Proteste zu sein. Aber es war die Zeit des Deutschen Herbstes, der APO und des Baader-Meinhof-Selbstmords im Hochsicherheitsgefängnis in Stammheim. Es wurden Fragen gestellt, nach der Vergangenheit der vorherigen Generation und nach ihrer Verantwortung. Und es wurden Autoritäten infrage gestellt.

Auch ich begann zu rebellieren. Nicht gegen meine Eltern, aber gegen alte Lehrer in der Schule, die noch im »Dritten Reich« ausgebildet worden waren und – aus heutiger Sicht kaum vorstellbar, aber es war tatsächlich so – auch dreißig Jahre nach Kriegsende immer noch unverhohlen alte NS-Ideologien in den

Unterricht trugen. Es gab einen Biologielehrer, der bei uns unterrichtete und den ich noch genau vor mir sehe: Er war in meiner Erinnerung schon optisch und von seinem ganzen Habitus her ein Abbild Adolf Hitlers. Vor allem machte er keinen Hehl aus seinen Überzeugungen und brachte sie auch offensiv in den Unterricht ein. Er unterrichtete nicht eins zu eins die NS-Rassenlehre, das wäre selbst ihm sicher verboten worden, aber er benutzte unter dem Deckmantel des Biologieunterrichtes Originalmaterial aus dem »Dritten Reich«, das er als Unterrichtsmaterial an uns verteilte, ohne dass irgendjemand dagegen eingeschritten wäre.

Es brodelte bei uns, und irgendwann schlug die schwelende Empörung in offenen Zorn um. Es gab Proteste der Schülervertretung gegen das Gebaren dieses Lehrers, die sich bald zu einer regelrechten Revolte auswuchsen. Schließlich musste er die Schule verlassen, auch wenn diese durchaus revolutionären Ereignisse gleichzeitig dazu führten, dass der Direktor die Abiturfeierlichkeiten meines Jahrgangs absagte und ich als Schulsprecher als Nestbeschmutzer dargestellt wurde.

Dieser Lehrer war kein Einzelfall, aber natürlich gab es auch andere, fortschrittlichere und aufgeschlossenere Lehrer im Kollegium meiner Schule, wie überhaupt die ganze damalige Zeit in meiner Wahrnehmung eine Zeit der inhaltlichen Widersprüche und emotionalen Paradoxien war. Die Kontroverse um die Filbinger-Affäre entfaltete sich genau gegen Ende meiner Schulzeit. Der Ministerpräsident des Landes Baden-Württemberg, Hans Filbinger, musste 1978 von seinem Amt zurücktreten, nachdem bekannt geworden war, dass er als NS-Militärrichter der Kriegsmarine zwischen 1943 und 1945 vier Todesurteile beantragt oder vollstreckt hatte. Der Fall wurde sowohl im Deutsch- als auch im Geschichtsunterricht von Lehrern einer neuen Generation aufgenommen, die sehr darum bemüht waren, eine offene Diskussion mit uns zu führen. Sie hörten uns zu, wenn wir forderten: Wir sind es leid, abstrakt und didaktisch über das »Dritte Reich« zu reden. Seid konkret! Das hat doch alles etwas mit uns zu tun und mit unseren Eltern. Wie geht diese Elterngeneration überhaupt mit uns Jüngeren um? Was steckt hinter der APO? Was steckt hinter der Ahnung, dass unsere Väter und Großväter Verbrecher gewesen sein könnten? Wir spürten, dass es hier noch wesentlich mehr aufzuarbeiten und zu verstehen gab, als wir aus unseren Familien erfuhren. Und wir machten uns die APO-Forderung nach mehr Demokratie, nach mehr Offenheit und auch nach einem anderen Staat zu eigen.

Vermutlich brauchte es Stammheim und Rudi Dutschke, die APO und die Proteste gegen Filbinger, und ganz sicher brauchte es die Kämpfe und die Debatten, die wir im Unterricht führten, damit wir über den Umweg der Schule die Fragen nach der Vergangenheit unserer Eltern als ein auch für uns selbst sinnlich erfahrbares und auf unsere Familienbiografien bezogenes Thema wahrnehmen konnten. Nur so konnten wir es in unsere Familien zurücktragen, um dort die Fragen zu stellen, ohne die wir keine Antworten bekommen würden. Denn auch wenn meine Eltern ein offenes und politisches Haus führten, war die Auseinandersetzung mit der Vergangenheit bei den vielen Gesprächen in unserem Haus nur sehr indirekt ein Thema. Natürlich wusste ich, dass mein Vater im Krieg als Soldat gekämpft hatte und meine Mutter im Sinne der NS-Ideologie erzogen worden war. Und ich kannte auch ihre Schilderungen über das Kriegsende und die Rückkehr ins zerbombte Mannheim.

Aber was sie genau erlebt hatten, was sie getan und vielleicht auch verschuldet hatten und was es auch emotional für sie bedeutete, wusste ich nicht. Denn gesprochen wurde darüber nur sehr allgemein und distanziert. Gleichzeitig sah und erlebte ich das Engagement meiner Eltern für eine demokratische Gesellschaft. Ihre Leidenschaft, mit der sie dafür einstanden, übertrug sich auf mich und hat mich geprägt. Aber eine konkrete Verbindung zu ihrer Vergangenheit erfuhr und erlebte ich nicht.

Alle diese Ereignisse kulminierten genau zum Zeitpunkt meines Abiturs. Doch den eigentlichen Ausschlag, dass ich begann, das Thema »Drittes Reich« konkret mit mir und meiner Familie in Verbindung zu bringen, dass ich den Impuls fand nachzufragen und das Bedürfnis in mir geweckt wurde, verstehen zu wollen, gaben nicht die Aktivitäten in meiner Schule und auch nicht die politisch unruhigen Zeiten in der Bundesrepublik.

Der eigentliche Anlass, dass ich mit meinen Eltern ins Gespräch über ihre Vergangenheit und die Vergangenheit Deutschlands kam, war am Ende eine amerikanische Fernsehserie.

Kapitel 5

Holocaust: Eine Fernsehsoap wird zum Erweckungserlebnis

Wohl selten hat das Fernsehen in Deutschland eine solche unmittelbare Wirkung entwickelt wie 1979 mit der Ausstrahlung der vierteiligen US-Fernsehserie *Holocaust*. Sagenhafte zweiunddreißig Prozent aller Zuschauer schalteten bei der Ausstrahlung den Fernseher ein. Noch viel bemerkenswerter jedoch waren die Reaktionen von Zuschauern und Presse vor und nach der Ausstrahlung, denn diese amerikanische Fernsehserie von durchaus trivialer Machart schaffte, was zuvor Hunderten von Büchern, Theaterstücken und Dokumentationen in gut dreißig Jahren Nachkriegsgeschichte nicht gelungen war: die Deutschen über die in ihrem Namen begangenen Verbrechen an der jüdischen Bevölkerung so ins Bild zu setzen, dass sie davon bis ins Mark erschüttert waren.

In exakt 428 Minuten und 26 Sekunden wurde den Deutschen anhand einer erfundenen, wenn auch historisch untermauerten Spielhandlung, verbunden mit vielen geschichtlichen Ungenauigkeiten und manchen dem Genre einer amerikanischen Serienproduktion geschuldeten Plattitüden, erstmals plastisch vorgeführt, was sie aus ihrer Erinnerung bislang überwiegend verdrängt hatten: das individuelle Drama hinter dem von den Deutschen begangenen Massenmord.

Es war vor allem die gnadenlose Emotionalität der amerikanischen Erzählart, die *Holocaust* von allen anderen Versuchen, das »Dritte Reich« filmisch und aufklärerisch zu verarbeiten, unterschied. Oder, wie der Historiker Joachim Fest es als Einsicht aus der Serie sinngemäß formulierte: Es kam eben darauf an, beim Umgang mit der deutschen Vergangenheit Wissen und Emotion miteinander zu verknüpfen, wollte man eine Diskussion darüber nicht nur abstrakt zwischen Historikern und Publizisten, sondern in einer breiten Öffentlichkeit führen.

Und die Diskussion wurde geführt. Hitzig und zum Teil erbittert. Denn *Holocaust* hatte nicht nur der Nation ein Thema gesetzt, die Serie polarisierte wie kaum ein Fernsehprogramm in Deutschland jemals zuvor oder danach. Quer durch alle öffentlichen und politischen Lager und bis hinein in die deutschen Familien. Bereits anlässlich der Ausstrahlung von *Holocaust* in den USA hatte der Friedensnobelpreisträger Elie Wiesel, selbst ein Überlebender der Konzentrationslager Auschwitz und Buchenwald, dem Vierteiler 1978 eine »Trivialisierung des Holocaust« vorgeworfen. Er verwandle »ein ontologisches Ereignis in eine Seifenoper«. Und auch in Deutschland warnten viele Historiker vor solch einer Trivialisierung des ebenso ernsten wie komplexen Themas.

Nachdem der WDR die Produktion eingekauft hatte, konnten sich die Intendanten der ARD nicht darauf verständigen, sie im Ersten Programm auszustrahlen. Nicht nur hinter vorgehaltener Hand wurde von »indiskutabler Qualität« und »fahrlässig gemachtem Schund« gesprochen. Und das deutsche Feuilleton schäumte auf allen Kanälen: *Die Welt* schrieb, der WDR habe für »ein dubioses Vergnügen« Millionen hingeblättert, und witterte ein Komplott zwischen »Rotfunk« und roter NRW-Landesregierung, die »auf unzulässige Weise in die Programmgestaltung eingegriffen« habe: Es waren SPD-Landtagsabgeordnete gewesen, die den WDR als Erste auf die amerikanische Serie aufmerksam gemacht hatten. Die Verantwortlichen gehörten »in die Wüste geschickt«. Der Bayerische Rundfunk drohte, sich bei einer Übernahme ins ARD-Gemeinschaftsprogramm aus der Senderkette auszuklinken. Am Ende einigte man sich daher auf eine bis dato einmalige Zusammenschaltung aller Dritten Fernsehprogramme. Übrigens mit dem zunächst unbemerkten Nebeneffekt, dass fast niemand in der DDR die Serie sehen konnte.

Auch die Stimmung im Land war aufgeheizt. Rechtsradikale drohten mit Anschlägen, tatsächlich wurden bei Koblenz und Münster im Vorfeld der Ausstrahlung Antennenkabel gesprengt. Die CSU-nahe bayerische Schülerunion forderte nach der Ausstrahlung reflexartig eine Nachfolgeserie »über die Vertreibung Millionen Deutscher aus ihrer Heimat«. Man kann sich diese schäumenden Reaktionen aus heutiger Sicht nicht mehr vorstellen.

Die Resonanz auf die fiktive Geschichte der jüdischen Familie Weiss und des arischen SS-Obersturmbannführers und Heydrich-Adjutanten Erik Dorf war jedoch überwältigend. Mehr als zwanzig Millionen Menschen – praktisch jeder zweite Erwachsene in der Bundesrepublik – sahen damals *Holocaust*. Hunderttausende von Anrufen und Zuschriften erreichten die Sender der ARD. Auch bei den von den Sendern an die Ausstrahlungen der jeweiligen Folgen angehängten Studiodiskussionen gingen die Einschaltquoten kaum zurück. Und per Anruf schalteten sich Zuschauer direkt in die Studiodiskussionen ein. Die Debatte wurde interaktiv und breit geführt.

Was die unzureichende Entnazifizierung nach 1945, der Frankfurter Auschwitz-Prozess 1965 oder die schon damals zahlreichen wissenschaftlichen und populärwissenschaftlichen Publikationen zum Holocaust nicht geschafft hatten, das war einer kommerziell produzierten, von Rührseligkeiten gewiss nicht freien Fernsehserie gelungen: Die Deutschen sprachen erstmals offen über diese Verbrechen. Sie nahmen die Schicksale von Opfern und Überlebenden endlich zur Kenntnis. Und sie fragten nach den Ursachen des Völkermords, nach der Schuld der Täter und nach der Verantwortung der Nachgeborenen.

Im Übrigen zeigte sich, wie wenig die Jugendlichen noch immer über den Holocaust wussten. Zwar hatte die Kultusministerkonferenz schon 1960 unter dem Eindruck öffentlicher antisemitischer Vorfälle eine Empfehlung zur »Behandlung der jüngsten Vergangenheit« im Geschichts- und Gemeinschaftskundeunterricht verabschiedet, doch geschehen war danach wenig. An den meisten Gymnasien endete das 20. Jahrhundert nach wie vor mit der Weltwirtschaftskrise. Erst die erweiterte Leitlinie der Kultusministerkonferenz zur »Behandlung des Nationalsozialismus im Unterricht« vom April 1978 brachte die – reichlich späte und für meine Schulzeit zu späte – Wende. Auch auf der Ebene der Vermittlung historischen Wissens war *Holocaust* so gesehen ein Zeitzeichen.

Ich beschreibe das hier deshalb so ausführlich, weil mich selbst *Holocaust* mit voller Wucht traf. Ich habe diese Serie nicht nur verschlungen, sie hat mir auch wirklich Welten geöffnet. Zum ersten Mal wurde etwas konkret und emotional fassbar, was ich zwar geahnt hatte, aber nicht hätte benennen können.

Die öffentliche Kontroverse hatte die Wirkung eines Erdbebens, und auch meine private Welt wurde mehr als erschüttert. Ich werde nie den Moment vergessen, bei dem ich beim Mittagessen im Esszimmer meiner Großmutter, die damals im oberen Stockwerk unseres Hauses lebte, in höchster Erregung das Tischtuch heruntergerissen und die versammelte Familie – meine Mutter, meine Schwester und meine Großmutter – angebrüllt habe. Meine Mutter war völlig schockiert darüber, was das bei mir ausgelöst hatte. Für mich war es ein Moment des Verrats: Ihr habt mich angelogen! Ihr habt nicht gesagt, was mit jüdischem Leben hier passiert ist, und ihr habt mir verschwiegen, was ihr selbst getan habt. Ihr habt eure jüdischen Nachbarn verraten und nie darüber geredet!

Aber es war auch ein Moment des Beginns. Mit der zeitlichen Koinzidenz von Ereignissen wie der Causa Filbinger und der Erstausstrahlung der amerikanischen Holocaustserie kam plötzlich etwas zusammen: Diese Zeit war für mich und meine Generation der Anfang einer jahrzehntelangen Auseinandersetzung mit dem Nationalsozialismus. Und zwar nicht aus bequemer historischer Distanz, sondern unter der damals neuen Prämisse, die da lautete: Die Täter sind noch unter uns! Nicht nur Filbinger lebte noch, unsere Eltern und Großeltern lebten noch, sie alle hatten ihre Rollen gespielt in der Zeit des Nationalsozialismus.

Meine Generation erkannte: Das ist nicht vergangen. Und wir können nachfragen. Wir müssen es sogar. Wir müssen uns fragen: Wie sind wir zu denen geworden, die wir sind? Wie konnten wir dahin kommen, wo wir gerade stehen? Wie ist das alles entstanden?

Es war der Anfang einer lang dauernden und tief gehenden Auseinandersetzung mit der Generation unserer Eltern. Es war der Moment, in dem ich begriff, dass es in meiner Familiengeschichte etwas gab, dem ich mich stellen musste. Etwas, das ich verstehen musste, wollte ich mich selbst verstehen. Und ich begriff, dass die ganzen Blockaden, die ich durch meine Familienbiografie und in mir selbst empfand, nicht nur etwas mit mir selbst und nicht nur mit Psychologie zu tun hatten, sondern mit Zeitgeschichte.

Kapitel 6

Um nach Hause zurückkehren zu können, muss man erst einmal fortgehen

Haltung, davon bin ich überzeugt, hat immer auch mit Identität zu tun. Nur wenn du weißt, wer du bist, kannst du auch eine Position entwickeln, aus der es dir möglich ist, stark und offen zu argumentieren. Nur mit dem Bewusstsein einer starken Identität als Grundlage ist es möglich, zu einer eigenen Haltung zu gelangen, statt sie von anderen zu übernehmen. Oder, um es anders zu formulieren: Um stark genug zu sein, sich mit anderen auseinanderzusetzen, braucht es erst einmal die Auseinandersetzung mit sich selbst. Dazu gehört auch die Beschäftigung mit der eigenen Geschichte und mit der eigenen Herkunft.

Es ist nicht egal, woher wir kommen. Es ist nicht egal, was uns zu dem gemacht hat, was wir sind. Geschichte ist nicht egal. Wir sind ebenso wenig frei davon, wie wir frei von den Verhältnissen und den politischen Umständen sind, in denen wir leben.

Ja, mehr noch: Ich bin der festen Überzeugung, dass wir überhaupt nur mittels Annäherung an unsere persönliche Geschichte zu einer eigenen Identität finden können. Je stärker wir unsere Geschichte an uns heranlassen, je offener wir mit den Widersprüchen, Widerständen, Komplikationen und Kontroversen unseres eigenen Lebens umgehen, je mehr wir auch die Brüche dieses Lebens an uns heranlassen und je mehr wir bereit sind, unsere eigenen Schwächen zu erkennen und auch zu akzeptieren, desto stärker wird unsere Ich-Identität, auf die wir so dringend angewiesen sind, um in dieser komplexen Gesellschaft überhaupt leben und uns zurechtfinden zu können.

Dabei macht uns das Bewusstsein unserer selbst und unserer eigenen Determiniertheit immer auch stärker. Es macht uns offener für Konflikte. Es lässt uns lustvoller in diese Konflikte hineingehen. Und es macht uns im Grunde genommen überhaupt erst Mut und bereit für die Auseinandersetzung, die wir so dringend brauchen, um unser Leben offensiv zu gestalten.

Die Entwicklung von Identität geht immer auch einher mit einer Entwicklung von Angstfreiheit. Doch dafür braucht es Voraussetzungen: Wie hebt man seinen Blick so, dass man mit Neugierde, mit Lebensoffenheit durchs Leben geht? Denn Bildung von Identität, von Stärke der eigenen Persönlichkeit ist immer auch ein Vorgang der eigenen Horizonterweiterung. Identität schafft man nicht durch Ausgrenzung, weder von Ideen noch von Menschen. Identitätsbildung ist das Gegenteil von geistiger und kultureller Abschottung. Sie ist ein Vorgang, der Lebensneugier, Offenheit und Konfliktfähigkeit impliziert und gleichzeitig voraussetzt.

Dabei ist die Suche nach Identität ein langer und im Kern ein oft schmerzhafter und zugleich ein unglaublich kreativer Prozess. Ein Prozess, der einem permanenten Anreicherungsvorgang gleicht, einem unaufhörlichen Lernen, das letztlich nie komplett abgeschlossen ist. Sind wir dabei erfolgreich, bilden wir die Fähigkeit aus, die Welt um uns herum zuzulassen. Oder, um es ein bisschen esoterisch zu sagen: sie auch dann zu umarmen, wenn sie droht, schwierig zu werden. Denn es geht nicht um die Ausblendung von Realität, sondern um ihre Anerkennung. Um Bewusstwerdung. Und um den Umgang damit.

Die Welt von heute beinhaltet eine endlose Vielzahl von

Identitätsmodellen oder Identitätsangeboten – echten wie falschen, brauchbaren wie nutzlosen. Wir befinden uns sozusagen in einem permanenten Wettbewerb der Identitäten, in dem wir unterscheiden, sortieren, bewerten müssen. Das ist nicht per se schlecht. Im Gegenteil, es hilft uns, unsere eigene Identität, unser eigenes Lebensmodell ständig zu überprüfen. Und es zwingt uns dazu, eine Haltung zu beziehen.

Viele treten auf, auf diesem Markt der Identitäten. Nehmen wir nur einige Beispiele der derzeitigen politischen Verhältnisse: Da ist auf der einen Seite jemand wie der französische Staatspräsident Macron, der für eine europäische Identität wirbt, oder der US-Präsident Donald Trump auf der anderen Seite. »Make America great again« ist nichts anderes als ein simplifiziertes Identitätsangebot. Auch die AfD in Deutschland tut so, als stifte sie Identität, und nutzt dabei doch nur die Angst derer aus, die sich in ihrer eigenen Identität verunsichert fühlen.

Überhaupt sind Menschen mit einer weniger ausgeprägten Identität, oder einem schwächeren Selbstbewusstsein – im Sinne des Bewusstseins ihrer selbst – anfälliger für die einfachen Formen und Angebote. Aber egal, wann, wo und wie genau, immer kommen wir automatisch in die Situation zu erklären: Wo stehe ich da eigentlich?

Das ist der Moment, in dem es Haltung braucht, die – wie oben dargelegt – nur auf der Basis von Identität entstehen kann. Womit sich der Kreis schließt. In einer globalisierten Welt, in der alles mit allem zusammenhängt, kommen wir gar nicht mehr darum herum zu definieren, wo wir mit unserer eigenen Identität stehen.

Und anders, als es jemand wie Björn Höcke in seiner schlimmen Dresdner Rede suggeriert und einfordert, ist unsere eigene Identität eben nicht ohne unsere Geschichte und auch nicht ohne die unserer Eltern zu haben. Es kann keine Schlussstrichdebatte geben, wie Alexander Gauland sie nahelegt. Weil sie gefährlich ist, denn nur, wenn wir uns unserer eigenen Geschichte bewusst sind, können wir verhindern, dass die nächste Generation die gleichen desaströsen Fehler und Mechanismen wiederholt. Und weil sie sinnlos ist: Geschichte verschwindet genauso wenig wie Realität, nur weil wir sie für abgeschlossen erklären. Wir sind ihr verpflichtet. Schon allein deshalb, weil es sie gibt.

So einfach ist das eigentlich. Und so schwer. Denn es bedeutet, dass wir uns auch mit den unangenehmen Seiten unserer Herkunft und damit unserer selbst auseinandersetzen müssen. Es bedeutet, dass wir auch unsere Eltern verstehen müssen, um uns selbst zu verstehen, auch wenn dieser Versuch des Verstehens in dem Fall meiner Generation das Unbegreifliche berührt.

Und es fordert von uns, dass wir eine Sprache finden müssen, wo die, die wir befragen, selbst ihre Sprache verloren haben. Weil an die Stelle eines emotionalen Zugangs eine »Vereisung« getreten ist, wie Götz Aly das in Bezug auf die Kriegsgeneration einmal genannt hat und damit das Phänomen beschreibt, dass eine ganze Generation ihr Gefühlsleben verschüttet hat. Eine Generation, die aufgrund dessen, was sie erlebt und auch was sie getan hat, überhaupt nicht mehr in der Lage ist, auch nur annähernd an sich selbst heranzukommen.

Damals, in Mannheim kurz nach meinem Abitur, als ich voller Wut und Enttäuschung und mit dem Zorn des (Selbst-)Gerechten die Tischdecke vom Tisch riss und meine Mutter und meine Großmutter beschimpfte, war ich weit davon entfernt, all das zu durchschauen, geschweige denn einen Weg durch das Dickicht von Fragen zu finden, die mich so drängend beschäftigten.

Wie sollte ich jemals begreifen oder gar verstehen? Wo war der eigene Vater geblieben? Was hat er eigentlich getan? Was bedeutete es zu kämpfen? Was bedeutete es, andere Leute zu erschießen, zu verraten, um einer Ideologie willen zu denunzieren? Was bedeutete es, selbst dem Tod entkommen zu sein? Und wie ließ sich damit weiterleben? Aber auch: Was bedeutet es, Deutscher zu sein, zu dem Volk der Täter zu gehören? Was ist vor diesem Hintergrund Patriotismus, was bedeutet Nationalstolz? Kann es den nach Hitler in Deutschland überhaupt noch geben? Welche Rolle spielen Literatur und Theater, wenn man in einer Welt aufgewachsen ist, die alle Kultur und Zivilisation negiert? Auch das sind Fragen der Identität.

Um ehrlich zu sein, ich fühlte mich ziemlich verloren in dieser Zeit. Ich absolvierte damals gerade ein Volontariat beim *Mannheimer Morgen*, wozu ich mich, sicher auch aus Rücksicht auf den Wunsch meiner Mutter, entschlossen hatte. Eigentlich ging es mir auch gut dort. Ich konnte mich trotz meiner Filmbesessenheit durchaus mit dem Gedanken anfreunden, Journalist zu sein. Auch heute noch erscheint mir beispielsweise die Rolle des Chefredakteurs einer Zeitung mit seinen journalistischen Gestaltungsmöglichkeiten und Spielräumen als eine ernsthafte Alternative zum Beruf des Filmproduzenten. Und damals, in der vordigitalen Welt, waren Macht und Einfluss des Journalisten noch wesentlich größer als heute. Drei Fernsehprogramme und ebendie Printmedien waren alles, was es gab.

Trotzdem: Ich spürte, dass ich wegmusste, dass ich Abstand gewinnen musste, um Antworten auf all die Fragen zu finden, die mich umtrieben. Abstand von Mannheim, wo ich die meiste Zeit meines bisherigen Lebens verbracht hatte, aber auch Abstand von meiner Familie, von meiner Mutter, mit der ich ein ungewöhnlich enges Verhältnis hatte. Das ich übrigens bis heute habe. Noch immer gehört meine Mutter zu meinen engsten Vertrauten und auch, obwohl – oder gerade weil – wir uns permanent aneinander reiben und sie oft überhaupt nicht damit einverstanden ist, wie ich meinen Beruf ausübe, ist sie immer noch eine meiner wichtigsten Ratgeberinnen. Überhaupt ist es mir gelungen, eine enge Beziehung zu meiner Familie zu bewahren. Auch meine Schwester, die über das Theater dann selbst ihren Weg in die Medienlandschaft gefunden hat und heute eine erfolgreiche Hörfunkredakteurin ist, ist eine wichtige Bezugsperson für mich geblieben.

Dass ich mich bis heute intensiv und lustvoll an meiner Mutter-Sohn-Beziehung abarbeite, erkennen Freunde auch daran, dass ich immer wieder Bernardo Bertoluccis Film *La Luna* verschenke, in dem es um das sehr komplizierte, aber auch sehr emotionale Verhältnis zwischen einer Operndiva und ihrem sich verloren fühlenden Sohn geht. Für mich enthält dieser Film alles, was mich an dieser speziellen Familienbeziehung interessiert.

Müsste ich eine Liste der Filme zusammenstellen, die mich am meisten beeindruckt und beeinflusst haben, stünde er ganz sicher mit darauf. Kurz nach Luchino Viscontis *Rocco und seine Brüder*, dessen Verquickung von Neorealismus und Poesie mich in zentralen ästhetischen und inhaltlichen Fragen inspiriert hat, oder Francis Ford Coppolas Langfassung von *Apocalypse Now*, ein Film, der für mich eine Annäherung an die Darstellung von Krieg war, wie ich sie nie zuvor gesehen hatte.

Dazu gehört auch der Dokumentarfilm *Hearts of Darkness* von Coppolas Ehefrau Eleanor über die Dreharbeiten zu *Apokalypse Now*, den ich lange Jahre auch meinen Studenten an der Filmakademie in Ludwigsburg immer wieder vorgeführt habe, weil er eigentlich alles über das Filmemachen erzählt, was man wissen muss. Wenn man verstehen will, was Filmemachen bedeutet, was ein Stoff mit den physischen und psychischen Befindlichkeiten eines Regisseurs und seines Teams machen kann und umgekehrt, gibt es kein besseres Anschauungsmaterial als diesen Dokumentarfilm.

Damals jedenfalls musste ich weg. Aus Mannheim und auch von meiner Familie. Ich brach mein Volontariat ab und bewarb mich an der Hochschule für Fernsehen und Film in München, um doch nicht Journalist zu werden, sondern um mit ungewissem Ausgang Film zu studieren. Im Verhältnis zu meiner Mutter führte das natürlich zu stürmischen Konflikten. Ihr wäre am liebsten gewesen, ich wäre nicht nach München gegangen. Ich war der einzige Mann der Familie, der noch in Mannheim geblieben war, und nun ging auch ich weg.

Es war ein emotional harter Schritt für mich, aber schon die Diskussion um meinen Weggang war der Beginn einer wirklichen Auseinandersetzung mit der Familiensituation, mehr noch als die Verarbeitung der Scheidung meiner Eltern. Auch mein Aufbruch nach München war eine Trennungsgeschichte. Und Trennungsgeschichten bringen immer alle möglichen Emotionen nach oben.

Die Art, wie ich anfing, in München meine ersten eigenen Filme zu drehen, hatte folgerichtig etwas von einer therapeutischen Familienbespiegelung. Ich drehte dort als Erstes einen seltsamen Film, den ich aber eigentlich auch heute noch immer sehr mag. Er hieß bezeichnenderweise auch noch *Abschiedsbilder*, was natürlich meiner damaligen Stimmung absolut entsprach. Es war die Geschichte eines jungen Bauernsohnes, der sich von seiner bäuerlichen Umgebung in der Nähe von Bruchsal löst und in die Stadt geht. Eine Art Befreiungsfilm.

Es gab diesen Bauernsohn tatsächlich, Martin Armbruster hieß er, und ich hatte ihn in einem Jugendzentrum kennengelernt. Seine Persönlichkeit hat mich damals tief beeindruckt. Er war ein besonderer und charismatischer Typ, und er kam aus einem völlig anderen Lebensmilieu als ich selbst, eben wirklich vom Land. Ich habe ihn dann sogar selbst für die Hauptrolle besetzt, als einzigen Laien, während die anderen Darsteller professionelle Schauspieler waren.

Die Grundthese des Films und seiner Geschichte war, dass man von zu Hause weggehen muss, um die eigene Lebensgeschichte zu verstehen. Es ging um die Bedeutung des Fortgehens als Voraussetzung für einen klaren Blick auf die eigene Herkunft. Ich habe ewig lange an diesem Film herumgeschnitten, fast anderthalb Jahre lang, und ich habe keine Ahnung mehr, wie ich das ganze Projekt überhaupt finanziert habe.

Über die Geschichte von Martin Armbruster habe ich mein eigenes Leben in München komplett neu definiert, indem ich mich selbst hineinprojiziert habe in das Leben dieses Bauernsohnes aus Bruchsal. Im Grunde blickte ich mir aus dem ganzen Film selbst entgegen, transformiert in die Rolle des Martin Armbruster. Das Ganze war eigentlich ein einziger therapeutischer Wahnsinn.

So sehr meine Zeit in München eine Befreiung war, so schwierig war sie auch. Das lag weniger an meinem eigentlich guten Leben in München als vielmehr an der Schule, deren Ausrichtung überhaupt nicht mit der Münchner Hochschule für Fernsehen und Film von heute zu vergleichen ist. Die gesamte Filmhochschule München war damals im Prinzip ein extrem kommerziell organisierter und komplett auf die Vorbilder Bernd Eichinger und Roland Emmerich ausgerichteter Hollywood-Club. Der Ehrgeiz war zu sagen: Man wird der zweite Roland Emmerich. Das war natürlich überhaupt nicht meine Intention. Ich war ja auf der Suche nach mir selbst und nicht nach Hollywood-Ruhm. Ich suchte nach meinem Ausdrucksmittel, nach der für mich richtigen Art, Filme zu machen.

Das war auch der Grund, warum ich irgendwann aus dem Spielfilmbereich zum Dokumentarfilm wechselte. Ich war der erste Student in der Schule, der das tat, und es war tatsächlich auch vollkommen absurd, weil es viel schwieriger war, in den Spielfilmbereich zu kommen als in die Dokumentarfilmklasse.

Viele wollten während der Ausbildung vom Dokumentarfilm zum Spielfilm wechseln, nur ich ging als Einziger den entgegengesetzten Weg.

Kein Mensch an der Schule hat damals verstanden, warum ich das unbedingt wollte. Aber für mich war es richtig, weil ich bei den Dokumentarfilmern das Journalistische, das mir ja vertraut war, mit dem Erzählen von Geschichten verbinden konnte. Die Filme, die ich nun zu drehen begann, hatten dementsprechend alle einen sehr dokumentarischen Charakter. Sie waren genau recherchiert und realitätsbezogen, wie ja auch viele meiner späteren Filme bis heute. Gleichzeitig erzählten sie aber sehr deutlich Geschichten mit einem klaren fiktionalen Kern. Geschichten, mit denen ich nun endlich in mein eigenes Leben vorstieß – und in das meines Vaters.

Kapitel 7

Der Krieg meines Vaters

Weder mein Vater noch meine Großmutter, die lange bei uns im Haus lebte, hatten mit mir oder meiner Schwester je viel über den Krieg, den sie erlebt hatten, gesprochen. Wenn ich meinen Vater darauf ansprach, flüchtete er sich meist in allgemeine Erklärungen von Abscheu und in einen eher wolkigen Pazifismus. Meine Mutter sprach von Fliegerangriffen, vom Kinderlandverschickungslager, vom Einmarsch der Kampftruppen in den Schwarzwald und davon, dass sie damals ja noch ein halbes Kind gewesen sei. Und meine Oma wollte, wenn sie denn bei solchen Runden überhaupt zugegen war, nicht an diese Zeit erinnert werden. Meist verbarg auch sie sich hinter der Ausflucht, das alles sei sehr lange her.

Mein Vater war kein überzeugter Nationalsozialist gewesen, das wusste ich. Aber sonst? Er selbst hatte nie in den Krieg ziehen wollen, das wusste ich auch. Doch wie fast alle seiner Altersgenossen hatte er keine Wahl. Er musste an diesem Krieg teilnehmen, von dem ihm schon mit siebzehn schwante, dass er dessen Ziele komplett ablehnte. Und er musste wie ebenfalls fast alle seiner Altersgenossen in diesem Krieg töten, wenn er nicht selbst getötet werden wollte.

Doch das Thema Tod und Töten im Krieg war eines, über das mein Vater nicht mit mir sprechen konnte. Erst Jahrzehnte später, in der Vorbereitung zu *Unsere Mütter, unsere Väter*, sollte er in der Lage sein, Worte dafür zu finden. Wenn er in meiner Jugend überhaupt etwas vom Krieg erzählte, dann waren es nur harmlose Anekdoten. Seine Berichte endeten bei den Abenden unter Kameraden in der Ukraine. Seine wichtigste Erinnerung war die an den enormen Mannschaftsgeist in der Truppe. Mir kam das dann immer vor, als erzählte er von einer Pfadfinder-Exkursion, nicht von einem blutigen Vernichtungskrieg. Von Schmerz, Leid, Tod und Töten erzählte er nicht.

Dennoch: Während meiner Zeit an der Filmhochschule in München beschloss ich, als Abschlussfilm meines Studiums einen Film über den Krieg meines Vaters zu drehen. Daher bin ich 1982 auf meinen Vater zugegangen und habe ihn gebeten, mir seine Kriegserlebnisse zu schildern. Es war das erste Mal seit der Trennung meiner Eltern acht Jahre zuvor, dass ich den Versuch machte, mit ihm darüber zu reden. Unser Verhältnis war zum damaligen Zeitpunkt eher abgekühlt, er lebte längst mit seiner neuen Frau zusammen, und wir sahen uns nur selten. Ich habe ihm auch sofort deutlich gesagt, dass ich einen Film über das drehen wolle, was er mir erzählen würde.

Zu meiner Überraschung stimmte er zu. Dabei half sicher, dass von Anfang an klar war, dass ich keinen Kriegsfilm im herkömmlichen Sinne machen würde. Weder wollte ich das, noch hätten Umfang und Budget eines Studentenfilms das hergegeben. Die beinahe logische Konsequenz für mich: Es sollte ein Episodenfilm über die Einberufung meines Vaters zur Wehrmacht werden, denn ich wusste, dass ich, wenn ich wirklich verstehen wollte, ganz am Anfang würde beginnen müssen. Und wie die Dinge lagen, war das zudem für meinen Vater der eher unproblematische Teil seiner Kriegsgeschichte. Und so kamen wir, vor allem brieflich – was die Sache erleichterte –, etliche Male aber auch von Angesicht zu Angesicht ins

Gespräch über das jahrzehntelang in Sprachlosigkeit begrabene Thema.

Der Krieg meines Vaters, wie der Film dann tatsächlich auch hieß, schildert die letzten Wochen vor der Einberufung des fiktiven siebzehnjährigen Hans Witte im Jahr 1942. Die Geschichte des Protagonisten ist nicht völlig mit der meines Vaters identisch. So ist anders als im Film mein Großvater nicht im Krieg gefallen, sondern sehr viel früher emigriert. Er war überzeugter Kommunist, kein Sozialdemokrat wie Vater Witte. Hans' Haltung zu seiner Einberufung ist unterm Strich zunächst auch etwas ambivalenter als die meines Vaters. Aber all das hat dramaturgische Gründe. Ich wollte die inneren Widersprüche, mit denen mein Vater 1942 vor seiner Einberufung kämpfte, deutlich nachvollziehbar machen. Insgesamt war der Film eine vorsichtige Annäherung an das Thema und entsprach so ganz der noch behutsamen Kommunikation zwischen uns.

Was den Stil angeht, entschied ich mich für ein nüchternes, quasi-dokumentarisches Kammerspiel, gefilmt im körnigen Schwarz-Weiß der Zeit. Keine hochdramatischen Szenen, keine bedeutungsschwangeren Dialoge oder gefühlslastige Filmmusik. Wenn es Musik gibt, dann kurze Ausschnitte aus bekannten Radioschnulzen der Zeit *(Wovon kann der Landser denn schon träumen, Kauf Dir einen bunten Luftballon)*. Ebenso bewusst habe ich auf Griffe in die Kiste der *Deutschen Wochenschau* oder auf Einschnitte historischer Kriegsszenen aus anderen Quellen verzichtet. Ab und an hört man Kriegsberichte aus dem Radio; aber weniger die bekannten plärrenden, sondern eher gesetzte Reportagen von der Front; mir ging es nicht um die Spitzentöne der Nazipropaganda, sondern um deren leider ganz alltägliche Sprache. Gelegentlicher stiller Kommentar: Mutter oder Sohn schalten das Radio mitten im Satz ab.

Ansonsten wird der Krieg nur mit wenigen – authentischen –

Standbildern dokumentiert. Seine Auswirkungen zeige ich in der Filmhandlung nur ein Mal: als der Sohn des örtlichen NS-Führers mit amputiertem Bein zu Hause abgeliefert wird. Und zwar just in dem Moment, wo der Vater Hans einen – keineswegs polternden, sondern fast melancholischen – Vortrag über seinen Glauben an die »neuen deutschen Maßstäbe« hält, die Hitler den Menschen gegeben habe. Wenig später erschießt er erst seinen Sohn, der jegliches Gespräch mit ihm verweigert hatte, und dann sich selbst.

Hans lebt im Film – wie mein Vater damals auch – bei seiner Mutter in einem Stadtteil von Ludwigshafen, dem Hemshof. Dort habe ich den Film übrigens auch weitgehend gedreht, denn Anfang der 1980er-Jahre sah es dort noch nicht so viel anders aus als in den Vierzigern. So wie Hans' Mutter war auch meine Großmutter eine schlichte Frau. Hans' Vater, zuletzt ein arbeitsloser Dreher, wird 1939 vom Reichsarbeitsdienst direkt zur Wehrmacht abkommandiert. Er kämpft erst in Polen, dann in Frankreich, wo er auch fällt. Eines Tages trifft die Todesnachricht ein, zusammen mit einem Karton mit den letzten Habseligkeiten des Vaters. Darunter befindet sich ein Tagebuch, das Hans in den folgenden Wochen liest. Dieses Kriegstagebuch habe ich nicht erfunden. Hans zitiert wörtlich aus den Aufzeichnungen meines Vaters.

Dem offenen Widerstandsgeist der Mutter – unter anderem verweigert sie die Lektüre sämtlicher Zeitungen – steht Hans zunächst skeptisch gegenüber. Wir sehen die Zinnsoldaten aus dem Ersten Weltkrieg, mit denen er als Kind gespielt hat. Er habe, so erklärt er, als Kind immer davon geträumt, Soldat zu werden. Wir erfahren, dass er gegen seinen Willen in den Jahren vor dem Krieg aus dem Jungvolk der Hitlerjugend geworfen wurde und dass er seitdem unter seinen Klassenkameraden weitgehend isoliert ist. Wenn sie an ihm vorbeimarschieren –

Heute, da hört uns Deutschland, und morgen die ganze Welt! –, dann blickt er ihnen auf eine Weise nach, bei der nicht ganz klar ist, ob sie mehr von Sehnsucht oder von Zweifeln zeugt.

Die ebenso realistischen wie resignierten Aufzeichnungen des Vaters vermitteln Hans derweil ein Bild vom Kriegsgeschehen, das sich von dem der Nazipropaganda vollkommen unterscheidet. Als er zu Beginn des Winters selbst seine Einberufung erhält, versucht seine Mutter vergeblich, ein amtsärztliches Freistellungszeugnis zu bekommen. Sein Lehrer, ein politischer Opportunist mit Parteiabzeichen am Revers, kann seine Ängste nicht zerstreuen. Hans erfährt von ihm lediglich, wie viele seiner Schulkameraden bereits gefallen sind, und er glaubt zu wissen, dass auch er im Krieg sterben wird. Am Tag vor der Einberufung liest er den letzten Eintrag im Kriegstagebuch seines Vaters: »Alles bleibt auf der Strecke. Das Denken, die Vernunft, die Gefühle. Alles, was man hat. Der eigene Wille. Ich stecke in einer Uniform – und habe mich selbst verloren.« Am Ende geht er zusammen mit seiner Mutter zum Bahnhof und verabschiedet sich wortlos.

Wie eine Art Prolog zum Film, aber auch wie das Angebot meines Vaters zu einer echten Auseinandersetzung las ich an meinem damaligen Münchner Schreibtisch eine Passage aus einem Brief meines Vaters, den er mir am 20. November 1983 geschrieben hatte. Darin zitiert er zu Beginn – sinngemäß – aus dem Film *Hiroshima, mon amour* von Alain Resnais und Marguerite Duras: »Wie du habe ich mit aller Kraft versucht, gegen das Vergessen anzukämpfen. Wie du habe ich vergessen. Wie du habe ich mich gezwungen, das Entsetzliche zu töten, das Entsetzliche, den Grund der Erinnerung, nicht mehr zu wissen, nicht mehr zu begreifen. Aber ich habe vergessen, wie du. Wir müssen uns erinnern, sonst wird sich alles wiederholen.«

Der Krieg meines Vaters ist, wie schon beschrieben, äußerlich eine fiktive Geschichte. Was den emotionalen Kern – wie auch viele kleine Details – betrifft, ist er aber sehr wohl ein persönlicher, autobiografischer, bisweilen fast dokumentarisch genauer Film. Manche meiner früheren Arbeiten schiebe ich heute in meinem Archivregal lieber etwas nach hinten. Diesen Film nicht.

Kapitel 8

Spiegelungen: Was, wenn ich selbst es gewesen wäre?

Mit *Der Krieg meines Vaters* schloss ich nicht nur die Filmhochschule ab, sondern es war dadurch, dass ich diesen Film gedreht hatte, auch in vielerlei Hinsicht wieder mal ein Anfang gemacht. Mir war es gelungen, einen Dialog mit meinem Vater zu beginnen. Vorsichtig noch, aber es war doch klar: Wir würden auch nach diesem Film weiterreden können. Für mich war das ein wirklicher Gewinn. Nicht nur, weil ich etwas von dem erfuhr, was ich so dringend wissen und verstehen wollte, sondern auch, weil ich auf diese Weise meinem Vater nach mehreren Jahren der kühlen Distanz nun auch emotional wieder nähergekommen war. Ja, vielleicht begann ich in diesen Tagen sogar überhaupt zum ersten Mal zu verstehen, was tief in seinem Inneren vorging und dass es dort etwas gab, wozu ich – vielleicht aber auch er selbst – nur schwer Zugang fand. Und mir wurde klar, was es ihn kostete, mir davon zu erzählen.

Außerdem – auch das ein Anfang mit Folgen, die ich damals noch gar nicht überblicken konnte – war *Der Krieg meines Vaters* der erste einer ganzen Reihe von Filmen, in denen ich mich unmittelbar und konkret mit der Zeit des Nationalsozialismus und ihren Auswirkungen beschäftigte.

Natürlich habe ich nicht nur Filme gemacht, die diese Zeit

zum Thema hatten. Im Gegenteil. Unter den vielen Filmen, die ich zunächst als Regisseur gedreht habe und für die ich später als Produzent verantwortlich war, sind eigentlich alle Genres des Unterhaltungsfilms vertreten, von Krimi und *Tatort* über klassische und in ihrer Wirkung hoch emotionale TV-Movies bis hin zu Literaturverfilmungen, verschiedenen Serienformaten und großen Kinoepen wie Noah Gordons *Der Medicus*. Mit vielen Filmen habe ich, vor allem im Fernsehen, ein großes und sehr vielschichtiges Publikum erreicht und im Laufe der Jahre eigentlich auch fast alle Preise entgegennehmen dürfen, die in der deutschen Medienlandschaft verliehen werden. Ich hatte das große Glück, mit meinen sehr unterschiedlichen Filmen immer wieder die deutsche und europäische Fernsehlandschaft mitprägen zu können.

Gleichwohl: Es ist nicht zu übersehen, dass sich dieses eine Thema Zeitgeschichte über Jahrzehnte hinweg wie ein roter Faden durch meine Arbeiten zieht. Es ist, das kann man zu Recht sagen, zu einer Art Lebensthema für mich geworden, sowohl beruflich als auch persönlich. Die Auseinandersetzung damit hat mich geprägt. In meiner persönlichen Entwicklung, in meinem Blick auf die Welt und in meiner politischen Haltung. Sicher ist es mein Thema, aber es ist auch das Thema meiner Generation. So wie vielleicht jede Generation ihr ganz besonderes Thema hat, das sie bearbeiten und von dem sie erzählen muss, um zu einer eigenen Identität und Haltung zu finden und so die Gesellschaft, die sie vorfindet, weiterzuentwickeln und gestalten zu können. Zu dieser Verarbeitung gehören die öffentlichen Debatten ebenso wie die dokumentarische und künstlerische Verarbeitung in Literatur, Theater und Film. Und im besten Falle sind beide Bereiche – die Kunst und die Debatte – eng und sich gegenseitig befruchtend und ergänzend miteinander verknüpft.

Blicke ich auf meine persönliche Filmografie, so finde ich dort Filme, die ich gemacht habe, weil ich die Möglichkeit dazu hatte und weil Filmemachen eben auch mein Beruf ist. Viele davon sind gut oder sehr gut geworden, nicht alle erfüllen mich heute noch mit Stolz. Und es gibt Filme, die ich machen *musste*. Weil sie mich umtrieben, weil mich das Thema drängte und weil sie untrennbar mit meiner eigenen Identität verbunden sind. Für den Antrieb dazu lassen sich Namen nach Belieben finden: Man kann ihn Obsession nennen oder Vision. Oder eben Haltung.

Der Krieg meines Vaters war im Jahr 1984 einer der ersten dieser Filme in meinem Leben. Der Fernsehdreiteiler *Unsere Mütter, unsere Väter* wurde im Jahr 2013 zu einem vorläufigen Höhepunkt in dieser Reihe von Filmen, die letztendlich immer um das gleiche Thema kreisten. Genau genommen war er auch der vorläufige Abschluss des Gesprächs, das ich damals, als ich noch ein sich selbst suchender Student an der Filmhochschule in München war, mit meinem Vater begonnen hatte.

Zwischen diesen beiden Filmen liegen rund dreißig Jahre. Und Welten meiner eigenen Entwicklung. *Der Krieg meines Vaters* habe ich selbst geschrieben und mit einem schmalen Budget selbst inszeniert. Den epischen Dreiteiler *Unsere Mütter, unsere Väter* durfte ich auf der Basis des Buches von Stefan Kolditz für das ZDF mit einem Etat von knapp vierzehn Millionen Euro produzieren.

Aber auch sonst sind es, so nah sie thematisch beieinanderliegen, naturgemäß zwei völlig unterschiedliche Filme. Allein der lange Zeitabstand zwischen den Filmen, die sehr verschiedenen Umstände ihrer Entstehung sowie die Unterschiedlichkeit ihrer Formate wären Gründe genug für gänzlich andere Erzählhaltungen.

Aber dahinter steht noch eine weitere, für mein Denken wie für mein Schaffen wesentliche Entwicklung. Sie hat mich von einem radikal familiären Blickwinkel auf bestimmte Konflikte Schritt für Schritt weggeführt. Dafür ist mein Wunsch immer stärker geworden, auf der Basis meiner persönlichen Fragen und Überzeugungen Beiträge zum gesellschaftspolitischen Diskurs über unsere Geschichte zu leisten – und dabei vor allem ihre Macht über unsere lange verdrängten Emotionen zu beleuchten. Und immer ist mein Interesse am Auslösen einer Debatte dabei ebenso groß wie ein Quoten- und Publikumserfolg des jeweiligen Films. Ja, mehr noch: Ich würde heute bestimmte Filme nur machen, wenn ich sicher sein kann, dass es mir gelingt, damit eine unmittelbare gesellschaftspolitische Debatte auszulösen.

Zu meiner Zeit in München war ich aber zunächst noch einige Jahre lang vor allem mit mir selbst beschäftigt. Meine filmischen Arbeiten aus dieser Zeit sind letztendlich alle Ausdruck einer Art familientherapeutischen Spiegelung. In fast allen Filmen, die ich in dieser Zeit gedreht habe, suche ich nach sehr konkreten Antworten auf persönliche Fragen, die mich damals mit Mitte zwanzig umtrieben. Und in fast allen diesen Filmen begegne ich mir dementsprechend – so wie in *Abschiedsbilder* – beim Anschauen des Films auf die eine oder andere Art selbst.

Das gilt auch für *Land der Väter, Land der Söhne* aus dem Jahr 1987, einem der ersten Filme, die ich nach meinem Studium gedreht habe. Die Idee dazu kam mir noch während der Hochschulzeit, als wir während eines Seminars den Regisseur Axel Corti zu Gast hatten, der mit *Welcome in Vienna* gerade sehr erfolgreich den dritten Teil einer Trilogie auf Basis eines größtenteils autobiografischen Drehbuches des österreichischen Journalisten Georg Stefan Troller verfilmt hatte. Troller, ein Emigrant, im Film gespielt von dem überragenden Gabriel Barylli, verarbeitete darin seine eigene Lebensgeschichte und seine Rolle des Heimkehrers, der nun denen begegnen muss, die nicht vor dem Regime geflohen waren.

Mich hat das damals wahnsinnig beeindruckt, und *Welcome in Vienna* war tatsächlich der Grund, warum ich *Land der Väter, Land der Söhne* gedreht habe. Ich dachte, wenn so etwas möglich ist, dass man seine eigene Biografie auf diese Art und Weise filmisch verarbeitet, wenn man seine eigenen Fragen so persönlich zum Ausgangspunkt eines Films machen kann, dann muss ich das auch tun.

Aus heutiger Sicht ist *Land der Väter, Land der Söhne* ein eher spröder Film, was vor allem an seiner langsamen, extrem dokumentarischen Machart liegt. Natürlich kann man urteilen, dass der Film wunderbar ruhig ist, ich würde aber auch akzeptieren, wenn jemand sagt, dass er ein bisschen langweilig gemacht ist. Man sieht dem Film einfach an, dass ich noch dabei war, mich langsam an eine Erzählweise heranzutasten. Auch was die Schauspielerführung angeht, suchte ich noch nach dem richtigen Weg. Nach meinem heutigen Verständnis wird viel zu wenig zwischen den Protagonisten interagiert. Es ist kein schlechter Film, aber insgesamt sieht man darin vieles, was noch unfertig ist. Eben so, wie ich mich damals selbst auch empfand. Inhaltlich ist es jedoch ein sehr wichtiger Film für mich.

Der Film lehnt sich vor allem an die Biografie des Industriellen Fritz Ries an, eines pfälzischen Unternehmers, der im »Dritten Reich« aus arisierten Betrieben einen großen Kunststoffkonzern geformt hatte. Er hatte anschließend sein Vermögen unter teils dubiosen Umständen in die Bundesrepublik retten können und versah später Unionspolitiker mit großzügigen Spenden. Der dramatische Schlusspunkt seiner bewegten Biografie: Am 20. Juli 1977 erschoss sich Ries in seinem Haus im pfälzischen Frankenthal, nachdem in der Presse immer mehr konkrete Fakten über die Quellen seines Reichtums in der NS-Zeit ausgebreitet worden waren.

Bernt Engelmann hatte Ries' Geschichte schon 1974 in seinem Tatsachenroman *Großes Bundesverdienstkreuz* geschildert, damals einer der großen Bestseller des Jahres. Ich reicherte in meinem Drehbuch seine Unternehmerbiografie noch mit eigenen Eindrücken und Informationen an, die ich dank der Wirtschaftsberichterstattung meiner Mutter besaß.

Übrigens blieb dieser Film meiner Mutter auch noch in anderer Hinsicht in Erinnerung: Da während der Vorbereitung eine dringend benötigte Tranche der Filmfinanzierung ausgeblieben war, lieh sie von unserer Hausbank 150 000 D-Mark, wofür sie mit unserem Haus als Sicherheit bürgen musste.

Wie Fritz Ries erschießt sich auch im Film – allerdings schon 1972 – der Regensburger Unternehmer Eberhard Kleinert aus Angst vor einer Diskussion über seine Vergangenheit. Sein Sohn Thomas, ein junger Journalist, wurde von der Mutter lange in dem Glauben gehalten, ihr Mann sei bei einem Unfall umgekommen. 1981 geht das Familienunternehmen in Insolvenz. Ein Jahr zuvor hatte Thomas die Wahrheit über den Tod des Vaters erfahren. Nun beginnt er, Recherchen über dessen Vergangenheit anzustellen – und stößt in Polen auf Quellen über die Arisierung eines jüdischen Metallbetriebes in Lublin 1942. In dieser Fabrik hatte der Vater zudem Zwangsarbeiter aus den nahe gelegenen Konzentrationslagern eingesetzt und mit den Gewinnen das Stammwerk der Familie in der Oberpfalz erweitert. Außerdem deckt Thomas auf, dass bei Kriegsende große Teile des Maschinenparks – getarnt als Verwundetentransporte – nach Westen geschafft wurden. Während der Unternehmer Kleinert solche Berichte zu Lebzeiten dank guter Beziehungen zur örtlichen Presse unterdrücken konnte, bringt sein Sohn sie nun an die Öffentlichkeit.

Die Rollen von Vater Kleinert in den Schwarz-Weiß-Rückblenden des Films und seines Sohnes in den Gegenwartssequenzen besetzte ich bewusst mit demselben Schauspieler, dem damals achtundzwanzigjährigen – und also mit mir fast gleich alten – Karl-Heinz von Liebezeit. Zusätzlich sprach er aus dem Off als Ich-Erzähler. Diese Doppelbesetzung war der eigentliche Clou des Films. So gelang es mir, mich zugleich in den Vater und in den Sohn hineinzuversetzen, der seine Identität angesichts der Vergangenheit seines von ihm als Kind abgöttisch verehrten Vaters neu definieren muss.

Der Spiegel meinte 1989, mein Film komme »eigentlich reichlich spät«, gehöre »das Vergangenheitsbewältigungskino, in dem die Söhne den Nazisünden der Väter auf der Spur waren«, doch eher den Sechziger- und Siebzigerjahren an. Er wirke daher »auf angenehme und seltsame Weise altmodisch«. Doch mir ging es ja gerade nicht um Vergangenheitsbewältigung im Sinne einer Abrechnung! Was Thomas bei seinen Recherchen entdeckt, ist die Schuld des Vaters, die sich weder leugnen noch relativieren lässt. Er war zwar nicht der typische Nazi, aber er war in das System tief verstrickt. Erst die gedankliche Identifizierung des Sohnes mit dem Vater – symbolisiert durch die Doppelbesetzung –, erst das Verstehen durch ein gedankliches Nacherleben ermöglicht ihm schlussendlich die Distanzierung vom Vater beziehungsweise von dem, was er getan hat.

So ist auch die vorletzte Szene zu verstehen. Zu Beginn hatte man gesehen, wie Kleinert sich in einem Hotelzimmer die Hände wäscht und einen Revolver lädt. Am Schluss mietet der Sohn ebendieses Zimmer im Hotel selbst an. Er hört das Wasserrauschen aus dem Bad. Und imaginiert, wie seine Hand vergeblich nach der des Vaters greift, die den schon entsicherten Revolver hält.

Den Sinn dieser Geste muss jeder Zuschauer letztlich für sich selbst deuten. Ich deute sie so: Der Sohn verhindert den Suizid des Vaters in seiner Imagination nicht, er nimmt ihn mit einer letzten zärtlichen Geste an. Seine persönliche Belastung durch die Schuld des Vaters endet mit dessen Freitod. Von einer dunklen Beklemmung wandelt sie sich zum bewussten Gefühl historischer und moralischer Verantwortung.

Meine persönliche Identifikation mit dem Hauptprotagonisten war damals sehr stark. Natürlich war ich in meiner Vorstellung der Sohn Thomas. Auch ich habe mich gefragt, wie sich mein Blick auf unsere Geschichte, mein Blick auf meine Familie und mein Blick auf mich selbst verändern würden, wenn ich Dinge erführe, über die bislang geschwiegen worden war. Und natürlich stellte ich mir unausweichlich eine entscheidende und über alle Maßen beunruhigende Frage: Was hätte ich selbst getan? Was hätte ich selbst getan, wenn ich nicht der Fragende gewesen wäre, der der Rolle der Elterngeneration im Nationalsozialismus auf der Spur war? Was hätte ich selbst getan, wenn ich mein Vater gewesen wäre?

Kapitel 9

Du musst wollen und aushalten, dass sie besser sind als du selbst

Talent braucht immer auch jemanden, der es erkennt und der es fördert. Ich weiß aus eigener Erfahrung, wie viel leichter alles wird, wenn du gerade in deinen Anfangsjahren jemanden an deiner Seite hast, der dir das, was du so unbedingt tun willst, auch zutraut. Jemand, der deine Besessenheit schätzt und dich machen lässt und der vor allem auch dann noch an dich glaubt, wenn es schwierig wird und dir alles um die Ohren zu fliegen droht. – Und im Filmgeschäft fliegen einem die Dinge oft schneller um die Ohren, als man es sich vorher vorstellen kann.

Ich selbst bin in meinen jungen Jahren als Regisseur, als ich nach der Filmhochschule tatsächlich anfing, regelmäßig und durchaus erfolgreich Filme zu drehen, immer wieder solchen Menschen begegnet. Menschen, die mir Mut gemacht haben, die mir Aufgaben überlassen und zugetraut haben, von denen ich selbst dachte, dass sie doch eigentlich zu groß für mich seien, und die mich über längere Strecken auf meinem Weg begleitet und ihn dabei mal behutsam geebnet und mal kraftvoll freigeräumt haben.

Der ehemalige Leiter der Abteilung Fernsehspiel beim SWR, Dietrich Mack, ist so jemand. Gemeinsam mit Susan Schulte war er für die Programmreihe »Debüt im Dritten« verantwortlich, und er hat mir nicht nur eine Fernsehausstrahlung meines Münchner Abschlussfilms *Der Krieg meines Vaters* ermöglicht, sondern bereits meinen früheren Film *Abschiedsbilder* ins Programm genommen. Überhaupt zeichnete ihn eine unbändige Neugier auf junge Talente aus. Dabei durchbrach er bei seiner unermüdlichen und sehr leidenschaftlichen Suche nach begabten Nachwuchskünstlern sehr selbstverständlich immer wieder auch die Genregrenzen zwischen Fernsehen und Theater und entdeckte so zum Beispiel Thomas Strittmatter und sein Stück *Polenweiher* fürs Fernsehen, das ich 1987 unter anderen mit Eberhard Feik für den SWR inszenieren durfte.

Auch Regina Ziegler gehört zu diesen Menschen. Sie ist eine großartige Produzentin, mit einer sehr warmen und besonderen Art, das Beste aus einem herauszuholen. Sie hat mir viel ermöglicht, und ich arbeite bis heute nicht nur immer wieder mit ihr zusammen, sondern bin auch mit ihr befreundet.

Und ganz sicher gehört der Produzent Bernd Eichinger zu diesen Menschen. In seiner Firma Constantin stand ich für einige Jahre als Regisseur sogar exklusiv unter Vertrag. Er wurde in dieser Zeit für mich ein entscheidender Mentor. Und auch mit ihm war ich später nach meinem Weggang von ihm noch lange eng befreundet, bevor er 2011 im Alter von nur einundsechzig Jahren plötzlich und viel zu früh gestorben ist.

Mit Bernd Eichinger habe ich 1999 auch den Nachwuchspreis FIRST STEPS ins Leben gerufen, der seit dem Jahr 2000 jährlich in verschiedenen Kategorien an herausragende Abschlussfilme von Studentinnen und Studenten der Filmhochschulen in den deutschsprachigen Ländern verliehen wird. Der Preis gilt heute als renommierteste Auszeichnung für Abschlussfilme aus Deutschland, Österreich und der Schweiz und soll nicht nur das kreative Potenzial des Nachwuchses präsentieren und fördern, sondern vor allem jungen Talenten die »ersten Schritte« in den Beruf erleichtern.

Bernd war nicht nur eine starke und charismatische Persönlichkeit, er war auch ein sehr beeindruckender Produzent, der diesen Beruf wirklich beherrscht und gelebt hat. Ja, man kann sagen, dass er in seiner Zeit diesen Beruf komplett neu definiert hat. Vor ihm wurde die Branche von Leuten dominiert, die eher Herstellungsleiter waren als Produzenten. Die kamen aus allen möglichen Berufen, aus der Handwerkskammer, aus der Versicherungsbranche, sogar aus dem Polizeibetrieb, und haben Filme oft eher nebenher gemacht.

Aber Bernd war solitär. Er hat den Beruf des Produzenten in seiner ganzen Komplexität als allumfassend begriffen. Er war in der Lage, Drehbücher zu schreiben, er konnte Regie führen, und er war ein Meister als Cutter im Filmschnitt. Gerade in diesem Bereich habe ich unendlich viel von ihm gelernt. Und er war ein Menschenfänger, mit einem unglaublichen Gespür dafür, Leute zusammenzuführen.

Bemerkenswert waren dabei auch sein Selbstbewusstsein und die Art, wie er einen Film in die Öffentlichkeit tragen und ihn als Thema in den Medien platzieren konnte. Marketing und Pressearbeit, darin war er unschlagbar. Und alles musste immer Größe haben. Ohne eine bestimmte Größe wurde ein Projekt gar nicht erst weitergedacht. Er hat sich immer schnell von jeglicher Form der Kleingeisterei getrennt, grundsätzlich ging es immer um das große Ganze. Darin kannte er aber dann auch keine Grenzen, oder er hat sie schlichtweg nicht akzeptiert. Wenn er sich etwas in den Kopf gesetzt hatte, dann wurde es auch durchgeführt, selbst gegen die stärksten Widerstände. Auch das habe ich vermutlich von ihm gelernt: an die Grenzen dessen zu gehen, was machbar ist, und am besten noch darüber hinaus.

Vielleicht macht auch das die Qualität eines guten Produzenten aus: zu erkennen, wie weit man ein Projekt treiben kann, die Grenze unermüdlich immer wieder noch ein kleines Stückchen weiter zu verschieben und dabei trotzdem den Instinkt dafür zu behalten, wann es genug ist, wann es keinen Sinn mehr macht, etwas noch weiterzuverfolgen, und den Punkt zu finden, an dem man gegebenenfalls aussteigen muss. Das ist alles andere als einfach. Man hat bei jedem Projekt das Gefühl, dass es schon irgendwie weitergehen wird. Und manchmal entsteht eine Eigendynamik durch die schon getätigten Investitionen, denn oft hat man bereits sehr viel Zeit oder Geld in eine Arbeit gesteckt, und ehe man das verloren gibt, treibt man die Produktion eben noch mal ein Stückchen weiter, in der Hoffnung, dass es sich lohnen wird. Es gibt jedoch immer wieder Momente, in denen man spürt, dass das Ganze explodieren wird, und in der Regel explodiert es dann tatsächlich auch irgendwann. Man kann sich das manchmal noch ein Jahr lang angucken, manchmal sogar zwei, aber am Ende explodiert es, und man hat es eigentlich schon lange vorher gewusst. Da gehört es geradezu zum Ethos des Produzenten, diese Dinge ehrlich zu benennen und eine Produktion gegebenenfalls konsequent zu beenden.

Mit Bernd Eichinger zu arbeiten war lehrreich, es war wahnsinnig, und es war manisch. Ich befand mich bei ihm in einer sehr luxuriösen Situation. Durch meinen Exklusivvertrag war ich an ihn gebunden, verdiente als Regisseur viel Geld bei ihm und musste nichts anderes machen in dieser Zeit. Gleichzeitig habe ich in den ganzen zwei Jahren, die ich bei ihm arbeitete, eigentlich nur einen Film gemacht. Es war verrückt; dafür konnte es passieren, dass man Tag und Nacht zur Verfügung stehen musste. Es konnte vorkommen, dass er nachts um drei anrief, weil er in Babelsberg im Studio an einer neuen Tonmischung saß und unbedingt wollte, dass man sich das anhörte. Das war keine Schikane, er wollte wirklich wissen, was man sagte, wollte eine Meinung hören und, auch hier: eine Haltung. Am besten gleich und sofort. Also fuhr man dann raus nach Babelsberg, spielte dort die halbe Nacht an einer Tischtennisplatte, die heute dort immer noch steht, mit Bernd Eichinger Pingpong, während man darauf wartete, dass die Tontechniker die neue Tonmischung fertigstellten, die man sich dann gemeinsam mit ihm anhörte. Oder man sah sich mitten in der Nacht zusammen einen neuen Schnitt an, der dann aber eben oft auch wirklich genial war und einen Film noch mal radikal verändern konnte.

Interessanterweise habe ich genau in dieser Zeit, in der ich so viel gelernt habe – nicht nur als Regisseur, der ich ja damals noch war, sondern vor allem auch für mein späteres Leben als Produzent –, selber angefangen, etwas davon weiterzugeben. Jede Woche flog ich von Berlin nach Stuttgart und fuhr von dort weiter mit dem Zug nach Ludwigsburg, wo ich mit Albrecht Ade die Filmakademie Baden-Württemberg und dort vor allem die Regieklasse aufbaute. Das, was wir dort begannen, hatte viel mit dem zu tun, was ich bei Bernd Eichinger an mir selbst erlebte. Wir fingen an, Studenten wirklich allumfassend und vor allem extrem praxisorientiert auszubilden.

Und auch das habe ich in dieser Zeit gelernt und bis heute verinnerlicht: Du bist im Grunde erst dann ein richtig guter Lehrer, wenn du das unbedingte Bedürfnis hast, dass der Student, der da vor dir sitzt, einmal besser wird als du selbst. Das klingt zunächst einmal sehr selbstverständlich, ist aber, wenn man ehrlich ist, gerade in unserem Geschäft, in dem es so oft um Anerkennung und Ruhm und dabei natürlich immer auch um Konkurrenz und, ja, auch um Eitelkeit geht, gar nicht so leicht: Du gibst jemandem etwas Kostbares weiter, du gibst eigentlich alles von dir und musst immer damit rechnen, nein, du musst sogar darauf hoffen, dass der, dem du all das gibst, dich am Ende überflügelt.

Aber wenn du das nicht willst, dann brauchst du auch gar nicht erst zu unterrichten. Und ich habe in Ludwigsburg viele Studenten erlebt, die besser wurden als ich. Da sitzt man dann jemandem gegenüber, der deutlich jünger ist man selbst, und denkt plötzlich: »Wow, der ist jetzt schon besser, als ich es je war.« Man zieht sich, wenn man als Lehrer gut ist, eine ganze Generation Regisseure heran, die man viel besser findet als sich selbst. Es ist hart, aber es macht unglaublich viel Spaß, und es gehört zu den befriedigendsten Momenten in meinem Berufsleben.

Das ist auch der Grund, warum ich bis heute regelmäßig und konsequent in Ludwigsburg unterrichte, selbst dann, wenn mein Büro in Babelsberg verzweifelt, weil ich aus Termingründen eigentlich die Reise über Stuttgart nach Ludwigsburg besser absagen sollte. Ich unterrichte immer noch junge Regisseure an der Filmakademie, obwohl ich selbst schon lange kein Regisseur mehr bin. Eben auch, weil ich irgendwann erkannt habe, dass es viele gibt, die bessere Regisseure sind als ich selbst.

Zu denen, die ich auf diese Weise in Ludwigsburg entdeckte, gehörte gleich in den ersten Jahrgängen Stefan Krohmer, der einer der Ersten war, der seinen Diplomfilm bei mir gemacht hat – für die Redaktion von Liane Jessen beim ZDF und unter anderem mit Edgar Selge in der Hauptrolle. *Barracuda Dancing* war ein phänomenaler Film, der zu Recht beim Deutschen Fernsehpreis mit dem Nachwuchspreis ausgezeichnet wurde. Oder, aus dem gleichen Jahrgang, Nicole Weegmann. Später dann so hochtalentierte Regisseure wie Christian Schwochow oder Philipp Kadelbach, beides Absolventen der Filmakademie in Ludwigsburg, mit denen ich dann auch in meiner Funktion als UFA-Produzent bei großen Projekten eng zusammengearbeitet habe. Dabei habe ich versucht, so zu handeln, wie ich es mir als Regisseur selbst gewünscht hätte und wie ich es auch erfahren durfte: Ich habe die Menschen, an deren Talent ich bedingungslos glaubte, gleich mit möglichst großen Aufgaben betraut. Und ich habe es nicht bereut: Es war ein Wagnis, Christian Schwochow direkt nach seinem Studienabschluss mit der Regie der Verfilmung von Uwe Tellkamps Jahrhundertroman *Der Turm* zu betrauen, aber wir wurden für dieses Wagnis unter anderem mit dem Grimme-Preis und einem Bambi für den Film belohnt, und die Schauspielerin Claudia Michelsen erhielt die Goldene Kamera für ihre Rolle in dem Film. Auch Stefan Krohmer hat später bei *Dutschke* – ebenfalls ein von mir produzierter UFA-Film – Regie geführt. Und mit Philipp Kadelbach habe ich mit *Unsere Mütter, unsere Väter* einen meiner wichtigsten Filme überhaupt gedreht.

Ich habe bei Bernd Eichinger und in Ludwigsburg – wieder mal ein Anfang – viel Zeit gehabt. Viel Zeit, um nachzudenken, und viel Zeit, um in Ludwigsburg gemeinsam mit den Studenten Projekte zu entwickeln. Als Regisseur für Bernd Eichinger in Berlin hatte ich ja nicht so viel zu tun. Ich habe dann mit den Studenten in Ludwigsburg teilweise bis zu zwölf Filme im Jahr produziert. Innerhalb der neuen Filmakademie ist so sehr schnell ein richtiger kleiner Produktionsbetrieb entstanden.

Dabei habe ich gemerkt, wie viel Freude ich am Produzieren entwickeln konnte. Mir gefiel es, dass ich als Produzent einen ganz anderen Abstand zum Set hatte und dass ich gleichzeitig viel mehr anstoßen und erreichen konnte und nicht ein Jahr oder mehr auf einen einzigen Film warten und hinarbeiten musste. So erwachte dort meine Lust am Produzieren.

Und dann kam eine Produktion, die ich als Regisseur für Regina Ziegler inszenierte: *Solo für Klarinette*. Es war eine schwierige Produktion, weil es ein schwieriger Stoff war. Das Team war schwierig. Ich selbst war schwierig. Es sollte meine letzte Arbeit als Regisseur werden. Aber es wurde eine der am tiefsten berührenden und wichtigsten Regiearbeiten für mich.

Kapitel 10

Männerbilder

Dass ich von Schauspielerführung eigentlich absolut nichts verstand, habe ich bei Dieter Dorn gelernt. Während meiner Studienzeit in München habe ich drei Monate lang an den Kammerspielen bei seinen Proben zu Tankred Dorsts *Merlin* hospitiert. Wochenlang saß ich jeden Tag auf der Theaterprobebühne der Münchner Kammerspiele und schaute zu, wie Dieter Dorn mit Schauspielern probte. Und ich war fassungslos. Denn dass man so intensiv, so bedingungslos und so genau mit Schauspielern arbeiten konnte, das hatte ich noch nicht erlebt.

Ich hatte mich entschieden, am Theater zu hospitieren, weil ich merkte, dass ich bei meiner eigenen Arbeit mit Schauspielern ständig an Grenzen stieß. Ich weiß noch, wie ich in der Spielfilmabteilung der Münchner Hochschule unendlich gelitten habe, weil einem dort niemand den richtigen Umgang mit Schauspielern beibrachte. Selten ging es um Schauspielerführung, und die Probenprozesse für unsere Studentenfilme waren extrem oberflächlich. In den Seminaren kamen ab und zu mal irgendwelche halbseidenen Hollywoodregisseure vorbei, die vor vierzig Leuten im Raum für gefühlt fünf Minuten mit großer Geste erklärten, wie es geht. Das war natürlich vollkommen sinnlos, und ich war verzweifelt.

Ich bat dann – wieder einmal – meine Mutter um Hilfe. Ich

wollte unbedingt für eine Weile am Theater arbeiten, und da sie so eng mit dem Heidelberger Intendanten Peter Stoltzenberg befreundet war, drängte ich sie, mir über diesen Kontakt eine Tür in die stolzen Münchner Kammerspiele zu öffnen. Und tatsächlich wurde ich nach einem Anruf von Peter Stoltzenberg von Dieter Dorn empfangen und durfte ihn bei seinen Proben zu *Merlin* begleiten.

Das Theater war mir ja auch vorher nicht fremd gewesen. Schon in Mannheim hatte ich enge Kontakte zu den dortigen Schauspielern gehabt. Sie hatten in meinen Filmen mitgespielt – ohne jede Gage –, und auch sonst war das ganze Theaterumfeld in Mannheim für mich ein wichtiger Bezugspunkt, künstlerisch wie privat. Gabriela Badura spielte die Hauptrolle in *Der Krieg meines Vaters*, und die Schauspielerin Rosemarie Reimann hat nicht nur in meinen Filmen gespielt, ich habe auch privat eine Zeit lang fast jedes Wochenende bei ihr und ihrem Mann in ihrem Haus in Feudenheim verbracht.

Und natürlich habe ich viele Vorstellungen besucht. In Mannheim, wo zu der Zeit Jürgen Bosse Schauspielchef war und große Regienamen mit ans Nationaltheater brachte, und in Heidelberg bei Peter Stoltzenberg, wo David Mouchtar-Samorai Hausregisseur war. Seine Inszenierung von Wedekinds *Frühlings Erwachen* beschäftigte mich lange, weil Mouchtar-Samorai in der Lage war, ungemein visuell zu erzählen.

Aber so etwas wie dann bei den Proben zu Dorns am Ende fast neunstündiger Inszenierung des König-Artus-Sagenepos *Merlin* in München hatte ich noch nicht erlebt. Es war wie ein Erweckungserlebnis für mich. Die Inszenierung war in jeder Hinsicht aufwendig. Das Bühnenbild von Johannes Schütz war gigantisch, jedes Detail daran war opulent. Aber dieser ganze äußere Aufwand war nicht das eigentlich Interessante. Das Besondere waren die Schauspieler. Alle großen Kammerspiel-

Schauspieler waren in der Produktion besetzt. Wirklich alle. Allen voran Peter Lühr, der den Merlin mit einer berührenden Fragilität und Skurrilität spielte, die ich nicht vergessen werde, aber auch andere wie Ignaz Kirchner, Axel Milberg, Thomas Holtzmann, Edgar Selge, Doris Schade, Gisela Stein, Sunnyi Melles, Jennifer Minetti, Lambert Hamel oder Tobias Moretti. Tankred Dorst, der Autor, saß oft in den Proben und schaute zu.

Vor allem aber war es die Art, wie geprobt wurde und wie Dorn mit den Schauspielern umging, die mich so unglaublich faszinierte. Die Intensität, mit der jede noch so kleine Szene erarbeitet wurde, war atemberaubend. Ich erinnere mich beispielsweise lebhaft an einen Monolog von Ignaz Kirchner, den Dorn eine Woche lang probte. Eine ganze Woche, jeden Tag vier Stunden lang, für einen einzigen Monolog! Was für ein Luxus. Und das Ergebnis war grandios. Regie und Schauspieler stießen gemeinsam in Bereiche vor, von denen ich vorher gar keine Vorstellung gehabt hatte. Und ich durfte dabei sein. Ich habe monatelang zuschauen dürfen, wie es nach meinen Vorstellungen idealerweise ging.

Für mich war es eine Offenbarung. Nur hatte ich natürlich am Ende trotzdem noch keine Ahnung, wie ich das auf meine Fähigkeiten und in meine Welt würde übertragen können. Ich hatte monatelang einem Regisseur von morgens bis nachts bei der Arbeit zugesehen. Ich hatte viel gelernt, aber ich war weit davon entfernt, irgendetwas davon selbst umsetzen zu können. Man denkt nach so einer Erfahrung zwar, das ist toll, so könnte das gehen, aber das heißt natürlich längst nicht, dass man es selber auch kann. Es hat danach mindestens zehn Jahre gedauert, bis ich in der Lage war zu begreifen, wie solch ein Probenrhythmus wirklich funktioniert und wie ich mit Schauspielern umgehen muss.

Den Mann, der mir den Weg dorthin zeigen sollte, lernte ich erst einige Jahre später kennen. Götz George wurde der Schauspieler, mit dem ich in meiner ganzen Arbeit am weitesten gekommen bin. Er hat mir gezeigt, wie es geht. Er war der einzige Schauspieler, von dem ich mich verstanden fühlte. Und ich verstand ihn. Wir haben uns gegenseitig extrem weit geöffnet, und Götz wurde über die Jahre zu einem der wichtigsten Menschen für mich. Wir haben uns in einer Weise aneinander abgearbeitet, die überhaupt keine Grenzen mehr kannte. Es wurde alles probiert.

Dass das möglich war, hatte viel mit dem Vertrauen zu tun, das zwischen uns entstanden ist. Wir arbeiteten exzessiv miteinander, in einer Art und Weise, in der wir nie an den Punkt kamen, an dem man sagen kann: »Ich bin jetzt zufrieden«, sondern in der es immer darum ging, noch einen weiteren Versuch zu unternehmen, noch eine Probe anzusetzen, dieses noch anzuschauen und jenes noch zu probieren. Das war endlos. Wir haben die Leute damit sicher auch verrückt gemacht.

Götz, das kann ich wirklich sagen, hat bei mir erstmals mein komplettes kreatives Potenzial freigesetzt, weil er schonungslos und radikal mit mir umgegangen ist. Er war ein unglaublich genauer, ja manischer Schauspieler. Es musste wirklich alles probiert werden. Und er war ungeheuer akribisch in seiner Vorbereitung auf eine Rolle: Jede Situation, jede Emotion im Raum musste erst mal klar sein, bevor er bereit war, eine Szene zu drehen. Neben ihm als Regisseur zu bestehen, war von morgens um neun bis nachts um eins eine permanente physische und mentale Herausforderung.

Götz hat mich in diesen Jahren in einer Art und Weise geprägt wie überhaupt niemand sonst. Und das, was bei Dieter Dorn und Tankred Dorst aus der begleitenden Beobachtung heraus so etwas wie eine Grunderfahrung des Verstehens der

Schauspielerarbeit war, war dann mit Götz zehn Jahre später ein schier endloser lustvoller Rausch des eigenen Ausprobierens und Machens.

Kennengelernt haben Götz George und ich uns im Garten des Produzenten Markus Trebitsch. Das war 1990, im Sommer nach dem Mauerfall. Trebitsch produzierte damals für das ZDF die Ost-West-Bruderkomödie *Schulz & Schulz*, eine Fernsehreihe über ein durch die Wirren des Mauerbaus getrenntes Zwillingspaar. Der ostdeutsche Werber Walter Schulz sieht darin im Westfernsehen einen Doppelgänger, in dem er seinen tot geglaubten Zwillingsbruder Wolfgang Schulz wiedererkennt. Als dieser kurz darauf aus Hamburg nach Stralsund kommt, tauschen die beiden aus einer Schnapslaune heraus die Identität. Der Ostler Walter managt nun in Hamburg eine Werbekampagne, während Wolfgang aus dem Westen die Werbe- beziehungsweise Propagandaabteilung der SED im Osten aufmischt. Götz George spielte in der Serie beide Brüder: sowohl Walter als auch Wolfgang Schulz.

Die Serie war bereits vor dem Mauerfall gestartet worden. Sie war zunächst als solitärer TV-Film geplant gewesen und wurde dann, den politischen Ereignissen folgend, ins Serielle verlängert. Inszeniert wurden die ersten Episoden von Ilse Hofmann, die zwar eine gute Kollegin von mir ist, deren Namensgleichheit aber auf reinem Zufall beruht. Markus Trebitsch hatte immer wieder großes Interesse daran, neue, jüngere Leute in der Arbeit auszuprobieren und ihnen eine Chance zu geben, und ich galt damals als hoffnungsvolles, aufsteigendes Regietalent. Mein Film *Land der Väter, Land der Söhne* war mit dem Bayerischen Filmpreis ausgezeichnet worden und als deutscher Wettbewerbsbeitrag zum Filmfestival San Sebastián eingeladen worden, und ich war gerade dabei, meinen ersten *Tatort* zu drehen.

Markus Trebitsch hatte die Idee, ich könne eine Episode von *Schulz & Schulz* inszenieren, und lud mich deshalb zu sich in seinen Garten ein, um mir dort Götz George vorzustellen. Ich war damals dreißig, Götz George noch keine fünfzig. Er kam in Lederjacke auf seiner Harley-Davidson bei Trebitsch vorgefahren, begutachtete mich und war irgendwie mit mir einverstanden. Wir kamen gut klar miteinander an diesem Nachmittag, also durfte ich dann eine Episode dieser Bruderserie mit ihm drehen.

Die war eher komödiantisch geprägt und für einen Regie-anfänger wie mich extrem anstrengend. Dadurch, dass Götz George beide Brüder spielte, hatte ich ihn praktisch die ganze Zeit doppelt am Set. Man kam an ihm einfach nicht vorbei. Und ich hatte mit ihm einen Schauspieler vor der Kamera, der nicht nur die Serie viel besser kannte als ich, sondern beim Dreh auch sofort Vollgas gab.

Er kam zum Set, und noch bevor ich irgendeinen Vorschlag machen konnte, sagte er: »Ich spiele jetzt die Rolle mal so und so«, und machte in der Art und Weise, wie er das sagte, auch ziemlich deutlich, dass es keinen Zweifel geben würde, dass er das auch genau so tun würde. Mir blieb also nicht viel anderes übrig als zu sagen: »Ja, gut, spiel das mal so.« Aber dann spielte er ja auch noch den anderen Bruder. Und wenn ich ihm dafür einen Vorschlag machte, begründete er mir sehr genau, warum er diese Rolle nicht so spielen könne, wie ich mir das vorstellte, da er ja den anderen Bruder schon auf eine bestimmte Art und Weise angelegt habe, was wiederum für den zweiten Bruder eine bestimmte Spielweise erfordere, die allerdings seinen Vor-stellungen und Vorschlägen deutlich mehr entsprach als mei-nen. Beim nächsten Wechsel der Bruderidentitäten war es dann wieder andersherum. Argumentativ geriet ich vollkommen ins Hintertreffen, und meine Rolle als Regisseur wurde irgendwann wirklich ein bisschen absurd.

Trotzdem: Ich habe schon in dieser ersten Begegnung ungeheuer viel von Götz George gelernt. Vor allem von seinem Gespür für eine Situation und für den Raum, in dem er spielte. Er hatte ein unglaubliches Körpergefühl, mit dem er jeden Raum instinktsicher aufnahm. Man konnte ihn morgens um neun am Drehort in jede Situation stellen, und er fand innerhalb von fünf Minuten ein Gefühl für den Raum und seinen ganz speziellen Rhythmus darin. Das zeichnete ihn aus. Es war atemberaubend, ihm dabei zuzusehen, wie er mit seiner Körperlichkeit umging und wie präzise er dieses Raumgefühl immer sofort in Spiel und Choreografie umsetzte.

Und er forderte einen Regisseur von der ersten Sekunde an, verlangte immer, dass man sich verhielt: zur Situation, zu ihm, zu seinem Spiel. Es gab schlicht kein Ausweichen in Routinen, keine Flucht in Floskeln oder Plattitüden. Er forderte, auch das habe ich von ihm gelernt, bedingungslos Haltung ein. Denn das gehört maßgeblich zum Verhältnis Regisseur–Schauspieler: in einem permanenten Dialog darüber zu sein, wo man steht und wie man zu dem steht, was man gerade tut.

Beim Drehen ist das mitunter ein Prozess über Wochen, der nicht nur ein intellektueller Prozess ist, sondern auch ein physisch spürbarer Dialog, eine ständige, im besten Fall produktive Auseinandersetzung. Ein unaufhörliches Aufeinandertreffen von Haltungen und Instinkten, durch das eine besondere Reibung und Hitze erzeugt wird, die letztendlich wie in einer chemischen Reaktion das Freisetzen von Kreativität überhaupt erst ermöglicht.

Wenn man es gut macht – und viel zu oft wird es eben gar nicht gut gemacht am Set –, dann entsteht im künstlerischen Alltag Kreativität folgerichtig dadurch, dass man pausenlos um Haltung ringt. Und als Regisseur ringt man ja im Prinzip mit jedem am Set. Man ringt mit dem Kameramann, man ringt mit dem Ausstatter, man ringt mit dem Schauspieler und seiner Figur. Mit jedem einzelnen Schauspieler und mit jeder einzelnen Figur. Und nur du selbst als Regisseur kannst durch das Aufeinandertreffen aller Figuren und die Auseinandersetzung mit deiner Haltung ein Gesamtensemble formen.

Wer da als Regisseur keine Haltung hat oder sie nicht zeigen kann, ist schlichtweg verloren. Und bei einem Schauspieler wie Götz George brauchte man ohne Haltung gar nicht erst anzutreten. Er konfrontierte einen mit allem. So lange, bis klar war: Was sind eigentlich die Befindlichkeiten hier im Raum? Welches Gefühl herrscht hier zwischen dir und mir? Er gab sich so lange nicht zufrieden, bis geklärt war: Was spielen wir hier eigentlich und warum?

Ich habe unsere erste Begegnung am Set dann irgendwie überstanden. Wir haben danach sogar noch für eine zweite Episode von *Schulz & Schulz* zusammengearbeitet. Und als wir dann den *Sandmann* drehten, waren wir längst befreundet, und ich habe ihn häufig in Hamburg oder in seinem Haus am Schlachtensee besucht. Seine Figur, die er im *Sandmann* spielte, haben wir monatelang miteinander vorbereitet.

Auch das hat etwas mit Haltung zu tun: die Frage, wie man mit einer Figur umgeht. Ich habe mit keinem anderen Schauspieler so intensiv erlebt, was es heißt, sich in eine Figur hineinzubegeben, sich ihr bedingungslos zu stellen, alles um sie herum aufzusaugen und sie so intensiv zu durchdringen, dass man sie kompromisslos nicht nur spielen, sondern auch leben kann.

Für seine tiefgründige Darstellung des Prostituiertenmörders Henry Kupfer in *Der Sandmann*, der nach der Verbüßung seiner Haftstrafe von einer ambitionierten jungen Fernsehredakteurin, die von Kupfers Schuld an weiteren Morden überzeugt ist, dazu gebracht werden soll, vor laufender Kamera einen Mord zu gestehen, wurde Götz George stellvertretend für das gesamte im

Debüt: der 11-jährige Nico Hofmann bei den Dreharbeiten zu seinem ersten Kino-
Im *Kapitän Frisell operiert*

2 Ulla Hofman mit den Kindern
Simone und Nico

3 Mutter und Sohn

4 Vater und Sohn: Klaus und Nico Hofmann bei einem Besuch der Leichtathletik-
meisterschaft im Südweststadion Ludwigshafen 1963

Karnevalistischer Höhepunkt

im Rhein-Neckar-Raum war am Sonntag der Fastnachtszug in Ludwigshafen, die „große Kurpfälzer Narrenschau". Trotz regnerischen Wetters bewunderten rund 150 000 Pfälzer und Badener den Karnevalszug der Schwesterstädte Ludwigshafen-Mannheim. Auf unserem Bild (im Vordergrund von links): Ministerpräsident Kohl und die Oberbürgermeister Reschke und Ludwig mit ihren Frauen.　　Bild: Heinrich

5 Nico Hofmann (mit Kamera) zwischen Ministerpräsident Helmut Kohl und den Oberbürgermeistern von Mannheim und Ludwigshafen beim Fastnachtsumzug in Ludwigshafen 1971

Erste Pressekonferenz: Nico Hofmann (3. v. l.) bei der Präsentation seines Films *apitän Frisell operiert* auf der Mannheimer Filmwoche am 5. Oktober 1975

7 Kino BIG BEN – Vorstellungsbeginn im Elternhaus von Nico Hofmann
in der Ortenaustraße in Mannheim

9 Werbemotiv zu *Ballwechsel*

8 Werbung für Kino BIG BEN,
Mannheim

10 Mit Patentante Kay Alvarado in Pasadena, Kalifornien

11 Nico Hofmann und Roland Robra bei den Dreharbeiten zu dem Film *Ballwechsel* in Mannheim

Mit Mathias Allary und Katrin Ammon bei Dreharbeiten während der Hochschul-it in München

THOMAS
HAHN

GABRIELA
BADURA

HEINZ
JÖRNHOFF

GEORG
MONTFORT

Ein Film von
NICO HOFMANN

TREIBSAND

Kamera·REINHARD HUND   Musik·STONE

rh

13 Perspektive: Nico Hofmann
mit Kamera als Student in
München

14 Familienverarbeitung: Heinz Jörnhoff, Gabriela Badura und Thomas Hahn vom
Nationaltheater Mannheim bei Dreharbeiten zu *Treibsand*

15 Fast ein Familienbild: Nico Hofmann und Götz George während einer Drehpause am Set

Mutter und Sohn: mit seiner Mutter Ulla Hofmann 2009

17 Vater und Sohn: Nico und Klaus Hofmann 2009

Film agierende Ensemble – neben ihm vor allem Karoline Eichhorn und Barbara Rudnik – mit dem Grimme-Preis ausgezeichnet. Auch ich als Regisseur erhielt diese begehrte Auszeichnung. Außerdem erhielt der Film den Goldenen Löwen für Schauspiel und Regie und den Bayerischen Fernsehpreis.

Zusammen mit Götz George war ich als Regisseur so gut wie nie zuvor. Er forderte mich heraus wie kein anderer, und ich ließ mich komplett auf ihn ein, so wie er sich auf mich. Denn Regieführen, das erkannte ich durch ihn, hat nicht nur etwas mit gegenseitigem Vertrauen zu tun, sondern auch mit dem Zulassen von Nähe. Und darin, das wusste ich ja, war ich in meinem bisherigen Leben nicht besonders gut gewesen. Überhaupt hatte ich es bisher erfolgreich vermieden, meine emotionale Identität in irgendeiner Form genauer zu definieren.

Ich bin im Grunde ausschließlich von Frauen erzogen worden. Alle wichtigen Bezugspersonen in meinem Zuhause waren nach der Scheidung meiner Eltern Frauen: meine Mutter, meine Schwester und meine Großmutter, die mit uns im Haus wohnte. Darüber hinaus gab es noch eine für mich ziemlich wichtige Patentante: Kay Alvarado. Sie war Amerikanerin, eine Schwarze. Sie stammte ursprünglich aus dem Mississippi-Delta, ihre Eltern waren Baumwollpflücker gewesen. Sie selbst war *Stars & Stripes*-Reporterin und mit der U.S. Army nach Mannheim gekommen und dann dort geblieben. Sie war eine Künstlerin, die auch journalistisch arbeitete. Einige Jahre später heiratete sie einen deutschen Ingenieur und ging gemeinsam mit ihm wieder in die USA.

Ich hatte eine unglaublich enge Beziehung zu Kay und habe sie sehr geliebt. Sie hatte eine extrem offene künstlerische Energie, sie konnte beeindruckend malen und schreiben, und sie war auf eine faszinierende Art verrückt. Sie pendelte zwischen den Welten, und ich habe während meiner Schulzeit, in dem Jahr vor meinem Abitur, in den großen Schulferien einige Wochen bei ihr in Pasadena in Kalifornien gewohnt und dort auch die Highschool besucht.

Kay kam aus einfachsten Verhältnissen und hatte sich über die Armee hochgearbeitet. Und nun bestand ihr ganzes Leben in Pasadena aus Malerei, Kunst, Journalismus, Literatur. So jemanden wie sie hätte man nicht erfinden können. In ihrer Wohnung zu sein, war ein unvergessliches Erlebnis. Bei ihr herrschte eine kreative Mischung aus gelebter Anarchie und überbordender Herzlichkeit in einem. Ich erinnere mich noch, dass sie mich, als ich in Amerika ankam, als Erstes in einen Wal-Mart Store geschleppt hat – wir reden von einem Supermarkt in den Ausmaßen von vier großen europäischen Einkaufszentren –, um mich dort quasi jedem einzelnen Angestellten persönlich vorzustellen, so stolz war sie, dass ich da war. Alles an ihr war völlig surreal und vollkommen undeutsch.

Das war es, was sie mir gezeigt hat: dass das Leben auch noch ganz anders sein konnte als mein bürgerliches Leben in Mannheim-Lindenhof. Äußerlich lebte ich dort gut und erfolgreich, aber innerlich fühlte ich mich extrem unfrei und in mir selbst gefangen. Ich war so wahnsinnig glücklich in Pasadena, dass ich am liebsten dort geblieben wäre.

Natürlich bin ich nach Mannheim zurückgekehrt – mit einem zusammengeklappten Regiestuhl aus Hollywood unterm Arm, denn dort waren wir natürlich auch gewesen. Aber noch etwas viel Wichtigeres habe ich mitgenommen von Kay aus Pasadena: eine große Offenheit im Erleben eines anderen Landes und einer anderen Lebensform. Das ist etwas, das mich geprägt hat und das ich mir zeit meines Lebens zu bewahren versucht habe.

Aber auch Kay konnte mir nicht die fehlende Vaterfigur ersetzen. Ich habe damals sehr unter der Trennung von meinem Vater gelitten. Er fehlte mir, auch als Identifikationsfigur für meine Rolle als Mann. Ich fühlte mich unsicher und gehemmt im Umgang mit meiner eigenen Körperlichkeit, und es fiel mir auch schwer, mit Emotionen umzugehen. Ich würde im Nachhinein sagen, dass unglaublich viele Energieflüsse in mir blockiert waren. Bei aller äußeren Aktivität hatte sich in dieser Zeit eine Grundmelancholie in mir breitgemacht, die ich jahrelang mit mir herumtrug.

Vielleicht hat es auch damit zu tun, welches Bild von Gefühlen und Sexualität meine Eltern mir weitergeben konnten. Meine Mutter würde das vehement bestreiten, aber ihre Kriegserfahrung und ihre NS-Sozialisation hat wie auf viele Menschen ihrer Generation auch noch Jahre nach dem Krieg Auswirkungen auf ihren Umgang mit Gefühlen und mit ihrem eigenen Körper gehabt. Auch das meint Götz Aly, wenn er von »Vereisung« spricht.

Ich habe Jahre später mit meiner Mutter eine sehr lange Diskussion über ihre Erziehung im »Dritten Reich« und ihr daraus resultierendes Verständnis von Körperlichkeit geführt. Das ging über Wochen. Körperlichkeit, das hieß im »Dritten Reich« eigentlich: Du machst Sport. Der stählerne Körper. Kurz gesagt: Du machst jeden Morgen den Fahnenappell mit, und du versuchst den Krieg zu überleben. Aber Körperlichkeit hatte überhaupt nichts zu tun mit Zärtlichkeit, mit Nähe, mit körperlicher Selbstliebe. Zu sagen: Ich akzeptiere meinen Körper. Ich finde meinen Körper toll. Ich habe Lust auf Sex. Die Kanäle für alles, was mit dieser Art von Nähe zu tun hat, waren für viele Menschen in der Generation meiner Mutter aufgrund ihrer Erziehung komplett verschlossen.

Und mein Vater? Gehört zu einer Generation von Männern, die im Alter von zwanzig Jahren als Soldat ununterbrochen mit dem Tod konfrontiert waren. Verkürzt gesagt, haben diese jungen Männer entweder andere erschossen, oder sie wurden selbst erschossen. Mein Vater musste sich zwischen toten russischen Soldaten verstecken, um zu überleben. Das ist Teil seiner Sozialisation. Als Mann hat er sich entweder als Soldat oder als Fußballspieler definiert. Er war im Krieg, und er war ein begnadeter Fußballspieler. Soldat oder Fußballspieler. Das sind die beiden Männerbilder, die mein Vater für sich selbst hatte.

Und dann stelle ich mir Menschen dieser Generation miteinander vor. Wie sie miteinander umgehen, wie sie zueinanderfinden. Welchen Ausdruck von Gefühlen sie füreinander haben und mit welcher Körperlichkeit sie miteinander umgehen. Und was sie davon an ihre Kinder weitergeben. Ich jedenfalls habe lange den Zustand der Pubertät als etwas Schmerzhaftes und Unausgelebtes erfahren. Ein Zustand, den ich auch viele Jahre danach nicht wirklich losgeworden bin. Und natürlich war ich nicht nur auf der Suche nach einer Vaterfigur, sondern auch nach meiner eigenen Identität als Mann.

Mit Götz George habe ich während unseres Arbeitens unendlich viele Gespräche über dieses Thema geführt. Über Eltern, über Väter, über Männerbilder. Er kannte natürlich meinen Film *Land der Väter, Land der Söhne*, und die Frage nach unseren Vätern ist die erste Grundlage dieses tiefen Verständnisses zwischen uns gewesen. Auf unterschiedlichen Generationsebenen – er war ja fast eine ganze Generation älter als ich – haben wir permanent ganz ähnliche Familienauseinandersetzungen geführt.

Er selbst hat diese Auseinandersetzung mit seiner Familiengeschichte und seiner Rolle darin eigentlich ununterbrochen geführt. Und zwar nicht, wie es in der Öffentlichkeit immer wieder dargestellt wurde, indem er sich an seinem Vater abgearbeitet hat – er hatte seinen Vater, der sehr früh gestorben war, schlichtweg geliebt –, sondern indem er mit dem Verlust durch den Tod des Vaters umging und gleichzeitig von der Frage nach der ja hochgradig ambivalenten Rolle seines Vaters als Künstler im »Dritten Reich« umgetrieben wurde.

Diese Vatersuche, dieser Versuch der Definition einer Vaterfigur, und die Situation, dass wir beide in einem bestimmten Alter eben keinen oder zumindest keinen anwesenden Vater hatten, hat uns sehr verbunden. Wir haben jahrelang immer wieder darüber geredet. Götz kannte meine gesamte Familienauseinandersetzung und ich seine.

Und wir haben in endlosen Gesprächen über Männerfiguren diskutiert. Es kommt nicht von ungefähr, dass ausgerechnet Götz George immer wieder diese Übermänner entwickelt und gespielt hat. Er hat ja wirklich von frühesten Jahren an, als er in seiner Karl-May-Zeit noch halbnackte, an irgendwelche Marterpfähle gefesselte Helden spielte, immer die prototypischen Männerbilder seiner Zeit verkörpert. Abgesehen davon, dass er natürlich ein ausgesprochen attraktiver und erotischer Mann war, war er ja auch im Spiel immer eine Art Ultramann. Seine Schimanski-Figur mit diesem beigen Parka hat das Männerbild in den Siebziger- und Achtzigerjahren entscheidend mit definiert. Auch für die deutsche Polizei gab es lange keine bessere männliche Identifikationsfigur als ihn, was sich darin zeigte, dass er ständig von Polizisten angehalten wurde, die unbedingt ein Autogramm von ihm wollten.

Im Grunde haben wir uns unentwegt über Männerbilder ausgetauscht und uns darüber selbst definiert. Eine ewige Diskussion. Wie will ich als Mann leben? Was macht einen Mann aus? Welche Männerbilder transportiert die Gesellschaft, und welches Männerbild trage ich selbst in mir? Götz wurde dabei für mich die Vaterfigur, die mir fehlte. Das war unausgesprochen einfach so. Ich war der Sohn, und er war der Vater. Es gibt Fotos, auf denen wir nebeneinandersitzen und man wirklich denkt, es handele sich um Familienfotos.

Mich haben alle diese Gespräche mit ihm nicht nur enorm befreit und geöffnet. Sie hatten auch unmittelbare Auswirkungen auf meine Arbeit als Regisseur. Je mehr ich über mich selbst erfuhr und über meine eigenen inneren Prozesse, desto mehr wendete ich das Erfahrene dann beim Dreh und im Umgang mit Schauspielern an.

Natürlich hat das alles auch wieder mit Identität und mit Haltung zu tun. Denn Haltung kann man nicht oberflächlich entwickeln. Haltung hat mit dem Prozess der eigenen Menschwerdung zu tun, mit »Wie-gehst-du-mit-dir-selbst-um?«, »Wie-stark-lässt-du-Konflikte-zu?« und »Wie-entstehen-deine-Menschen-und-Lebensbilder?« Dazu gehört dann eben auch die Scheidung meiner Eltern, das Aufwachsen unter lauter Frauen und die lange, lange Umkehrung und Bewusstwerdung von Männerbildern in den Gesprächen mit Götz. Diese Zeit der Zusammenarbeit von Götz als Schauspieler und mir als Regisseur war sozusagen die große, zehn Jahre während Chance meines Lebens.

Götz grub sich über diese Gespräche tief in seine Rollen hinein. Auch Henry Kupfer in *Der Sandmann* ist eine sehr explizite, völlig psychopathische Männerfigur. Und der Grund, dass wir nach all diesen langen Gesprächen *Solo für Klarinette* drehen wollten, war die Lust daran, diese Schimanski-Figur, die Götz ja dauernd begleitete, einmal komplett auf den Kopf zu stellen. Es war der gemeinsame, etwas anmaßende Wunsch: Wir definieren den Mann neu.

Solo für Klarinette ist ein Krimi. Es geht darin überhaupt nicht um Väter oder politische Wirklichkeiten, Nationalsozialismus, Geschichte oder Ähnliches. Und *Solo für Klarinette* ist vor allem ein sehr triebhafter Film. Auch die Dreharbeiten waren triebhaft. Der ganze Film dreht sich um Sexualität, um Einsamkeit und um gebrochene Männerfiguren. Und durch die Rolle von Corinna Harfouch, die im Film Götz' Gegenfigur spielt, geht es als Spiegelung genauso konsequent um Frauenbilder wie um Männerbilder.

Wir drehten 1997, also acht Jahre nach dem Mauerfall, und mit Götz George und Corinna Harfouch trafen auf Schauspielerebene zwei starke Persönlichkeiten aufeinander, die geradezu prototypisch die unterschiedlichen Theater- und Kunstkulturen, ja überhaupt die unterschiedlichen Gesellschaftskulturen dieser Zeit verkörperten. Auf der einen Seite Corinna, die komplett ost-sozialisiert war und das extrem emanzipierte Frauenbild des DDR-Theaterbetriebs vertrat. Auf der anderen Seite Götz, der völlig vom West-Theater geprägt worden war, der seine erste Bekanntheit durch Rollen in Karl-May-Verfilmungen erlangt hatte und der für dieses komplett westlich beeinflusste Männerbild stand wie kein anderer. Ich saß stundenlang entweder mit Corinna oder mit Götz allein am Set und habe mit ihnen über ihre Rollen diskutiert.

Wie Corinna über ihre Frauenfigur gesprochen hat und Götz über seine Männerfigur, erzählt im Grunde viel mehr über die damalige Zeit als die meisten gesellschaftspolitischen Debatten. Der Dreh war wahnsinnig schwierig, aber genau das machte natürlich auch den Reiz an der Sache aus.

Solo für Klarinette basiert auf einer Vorlage der Psychoanalytikerin Elsa Lewin, deren Handlung wir von New York in ein raues und abstraktes Berlin verlegt hatten. Der Film erzählt die Geschichte des ausgebrannten Polizisten Bernhard »Bernie« Kominka, der einen brutalen Mord aufzuklären hat. In einem Berliner Hochhaus wird ein Mann ermordet, indem er mit einer Klarinette erschlagen wird. Außerdem hat ihm jemand den Penis halb abgebissen, was zu einem bestialischen Blutbad führt. Bernie, der während der Ermittlungen an diesem Fall von seiner Ehefrau zu Hause rausgeworfen wird, begegnet am Tatort einer Frau in einem roten Regenmantel, die offensichtlich in der Wohnung des Toten war und von dort noch in der Tatnacht einen Regenschirm mitgenommen hat.

Bernie ist der Einzige, der diese Frau, Anna Weller, sieht, und er hat von Anfang an den Verdacht, dass sie etwas mit dem Mord zu tun hat, ja vielleicht sogar die Täterin ist. Doch statt offiziell zu ermitteln und sie gegebenenfalls zu überführen, sucht er eine Gelegenheit, um privat mit ihr in Kontakt zu treten. Er beginnt eine Affäre mit ihr und verliebt sich in sie, während er als Polizist suspendiert wird, weil er seinen Vorgesetzten, der auch der Bruder seiner (Ex-)Frau ist, im Präsidium mit einem Faustschlag niedergeschlagen hat.

Der Film bedient sich aller Mittel des Krimigenres, während er eigentlich die existenzielle Beziehungsgeschichte zweier Menschen erzählt, die verzweifelt versuchen, ihrer Isolation zu entkommen. Bernie liebt Anna oder klammert sich an das Bedürfnis, sie zu lieben, wer kann das schon immer genau unterscheiden … Er lebt mit ihr eine heftige und eruptive Sexualität, doch sie zieht sich immer wieder ins Unnahbare zurück. Einzig die Geständnisse, die sie von einer Telefonzelle auf ihren eigenen Anrufbeantworter spricht, geben Bernie Aufschluss über ihr Seelenleben. Und am Ende die Gewissheit, dass sie tatsächlich die Mörderin ist. Bernie ist bereit, Annas Täterschaft zu vertuschen, und kann doch nicht verhindern, dass sie sich mit seiner Dienstpistole, die er illegalerweise auch nach seiner Suspendierung behalten hat, erschießt.

Götz hat wie ein Besessener an diesem Film gearbeitet. Es gibt in *Solo für Klarinette* eine Szene, in der die beiden Hauptfiguren miteinander schlafen. Wir haben diese Szene geschlagene drei Tage lang gedreht. Im Drehbuch steht einfach: Sie schlafen miteinander. Drei Worte, mehr nicht: Sie schlafen miteinander, und es passiert dieses und jenes. Fertig. Am Set ging es natürlich schnell um die Frage: Wer zieht sich wie aus? Wollen wir uns nackt zeigen? Damit begann das Gespräch. Dann sagte Götz plötzlich: »Was soll das denn jetzt hier? Wir können doch nicht einfach im Bett liegen und Sex haben. Sexualität erzählt an dieser Stelle doch etwas.« Am Ende ist die Szene vier Minuten lang, und Regina Ziegler, die Produzentin des Films war, hat mich gefragt, ob ich noch ganz klar im Hirn sei, drei Drehtage für diesen einen Satz zu verbrauchen. Ich habe erwidert: »Ja, denn die Beischlafszene ist eine zentrale Szene in diesem Film.«

Die Szene ist komplett durchchoreografiert, der Beischlaf der beiden zieht sich durch die ganze Wohnung: Er beginnt in der Küche, setzt sich von der Küche in den Flur fort, vom Flur ins Wohnzimmer. Die Szene ist heftig und ausufernd, aber im Grunde genommen ist sie als eine vierminütige Annäherung zwischen zwei Menschen inszeniert. Sie erzählt von der Verzweiflung zwischen zwei Menschen. Von der Liebe und dem Hass zwischen zwei Menschen. Und eigentlich spielen beide gleichzeitig auch noch den bevorstehenden Selbstmord der Figur von Corinna mit. Das war die Aufgabenstellung für die Szene. Das alles verbildlicht nur durch Sexualität. Für mich war das eine völlige Neuentdeckung: dass man das komplette Seelenleben zweier Figuren in einem Film vier Minuten lang nur anhand eines Geschlechtsaktes zeigen kann.

Das zu erreichen, erfordert natürlich von allen Beteiligten eine extreme Haltung. Wir rangen um die Figuren, und die Diskussionen darum dauerten ewig. Ich erinnere mich daran, dass Corinna sagte: »Ich ziehe mich nur aus, wenn es intellektuell Sinn macht.« Das war ein toller Satz, denn sie hatte natürlich recht. Wieder begann eine lange Diskussion, aber beide haben die Szene schließlich nackt gespielt. Und gleichzeitig prallten mit Corinna und Götz ständig in ihrem Wesen und ihrer Sicht auf die Welt zwei komplett unterschiedliche Planeten aufeinander. Es war unendlich anstrengend. Und für mich war es doppelt kompliziert mit meinen ganzen emotionalen Vereisungen und Verletzungen. Aber als Regisseur muss man das zulassen. Man muss in der Lage sein, so etwas drei Tage lang zu inszenieren, und vor allem auch zu wissen, wo man damit hinwill.

Und all das – das herauszufinden und nicht nur zu beherrschen, sondern auch durchzustehen – hat Götz mir ermöglicht. Er war die treibende Kraft: »Hier steht ein Satz.« Das war, bevor wir den Dreh überhaupt begonnen haben, also bevor wir die Seite spielten. Es war eine roséfarbene Seite mit einem Satz, ich sehe sie vor mir. »Das ist die zentrale Szene.« »Wieso ist das …?« »Ja, das erklär ich dir jetzt.« Und dann hat er mir drei Tage am Stück erklärt, wie er das zu spielen gedenkt. Ich habe gedacht, der ist verrückt, aber er hat ganz klar gewusst, was er mit seiner Figur an dieser Stelle spielen will.

Im Grunde hat er hintereinander Folgendes gespielt: Annäherung, Verzweiflung, Aggression, sexuelle Aggression, komplette physische Erschöpfung beim Geschlechtsakt, die Erschöpfung geht über in eine Depression, die Depression wiederum geht über in ein Aneinanderklammern. Das ist im Film tatsächlich auch alles zu erkennen.

Götz hatte sich vorher genau überlegt, wie er das machen wollte. Allerdings ohne Corinna. Auch das war typisch für diese Produktion. Götz hatte auf einem Zettel genau aufgemalt, was er wo wie spielen wollte. Er hat es mir sogar vorgespielt. Da habe ich gesagt: »Aber Götz, Corinna muss es auch wollen. Was du alles mit ihr machst, muss sie doch irgendwie verstehen.« Und dann ging es los. Morgens um neun. Sie kommt mit Kräutertee rein, er mit Kaffee. Wir haben vier Stunden gebraucht, bevor die Probe überhaupt losging, und Regina Ziegler kam immer wieder dazu, weil sie wirklich nicht mehr wusste, was da eigentlich vor sich ging.

Es war die Hölle. Und es war ein Geschenk. Weil man daran sehen konnte, wie triebhaft und gleichzeitig haltungsgesteuert und präzise sich Menschen begegnen können, wie Lebensgeschichten und Lebenshaltungen ineinanderlaufen und welche Kraft das freisetzen kann. Corinna, die eine genaue Vorstellung von ihrer Figur hatte. Und Götz, der jahrelang Männer wie Schimanski gespielt hatte und jetzt diese Figur mal im wahrsten Sinne des Wortes nackt auf den Kopf stellen wollte. Der das unbedingt wollte, weil es in ihm drin war. Er hat die Figur des Bernie im Grunde schon Jahre in sich mit herumgetragen. Und dementsprechend hat er sich das alles nicht einfach ausgedacht, er *musste* es spielen. Er wollte diese ganzen Männerrollen unbedingt für sich selbst neu definieren. Er wollte sich selbst als Mann neu definieren.

Ich bin auf den Film immer noch stolz. Er enthält unglaublich viele Szenen, die ich sehr liebe. Und wenn ich mir diesen Film heute anschaue, sehe ich, dass er in der Arbeitsbegegnung mit diesen beiden Menschen sehr viele persönliche Themen von mir versammelt und definiert.

Es gibt niemanden, der mich so gut kennt, wie mich Götz George gekannt hat. Und es ist für mich eine besondere und berührende Umkehrung unserer Rollen, dass er ganz am Ende seiner Karriere viele Jahre später, im Jahr 2012, mit mir als Produzent dann noch den großen Film über seinen Vater Heinrich George gemacht hat, den er in dem Film auch selber spielt. Er hat im Prinzip das, was ich mit *Land der Väter, Land der Söhne* und *Unsere Mütter, unsere Väter* über meinen Vater gemacht habe, mit *George* über seinen Vater gemacht.

Er hat mit all seinen Rollen, mit all seinen großen Filmen und Preisen einen großen Teil deutscher Fernseh- und Kinogeschichte geprägt. Trotzdem war der für ihn entscheidende Film dieser Film über seinen Vater. Er war wie eine Bilanz von allem, wofür er gelebt hatte und stand: seine Männerbilder, seine Position als Schauspieler – überhaupt: Was spielt ein Schauspieler eigentlich gesellschaftlich und politisch für eine Rolle? –, seine Annäherung an das »Dritte Reich«, an seinen Vater. Es war eine Art Friedensschluss mit dessen komplexer Biografie und mit seiner ganzen Familiengeschichte.

All das steckt in diesem Film. Und für mich ist es ein großes Wunder, dass ausgerechnet unser beider Lebensgeschichten sich so überschnitten haben, dass wir uns in dieser sich ineinander verschränkenden Art begegnet sind.

Götz George ist nicht lange nach diesem Film gestorben. Ich erinnere mich noch an ein langes Gespräch, das wir nach der Filmpremiere von *George* in Berlin führten. Ich weiß noch, dass er erschöpft war, vom Dreh und von dem ganzen Rummel drum herum. Ich habe ihm gesagt, welche Bedeutung *George* für mich hatte. Wir haben viel über den Film geredet, den er im Ergebnis sehr mochte, und plötzlich hat er gesagt: »Für mich ist heute etwas zum Abschluss gekommen.« Ich versuchte ihm zu entgegnen, er sei doch gerade mal fünfundsiebzig Jahre alt und viel zu jung für einen Abschluss. Aber genau das war es: ein Abschluss. Er hat danach noch zwei, drei Sachen gedreht. Aber eigentlich war *George* sein letzter Film. Drei Jahre später ist er gestorben. Und er fehlt mir bis heute.

Kapitel 11

Wendepunkte

Warum treffen Menschen Entscheidungen? Wo ist der Kompass, der sie etwas tun und etwas anderes lassen lässt, selbst dann, wenn dieses andere der logischere oder mitunter auch der einfachere Weg gewesen wäre? Ich habe immer wieder Entscheidungen getroffen, weil etwas in meinem Leben passierte, weil ein Erlebnis oder ein Ereignis von außen einen Prozess in Gang gesetzt hat, der am Ende eine Entscheidung erzwang oder unausweichlich machte. Häufiger noch habe ich Entscheidungen getroffen, weil mich etwas umgetrieben hat, weil ich auf der Suche nach etwas war und weil ich mich selbst in diesem Moment als Mensch oder mit dem, was ich tat, als unfertig, manchmal auch als unfrei empfand und mir nur durch eine Entscheidung oder gar einen Bruch der Weg aus diesem Zustand möglich erschien. In diesem Buch ist bereits viel davon die Rede gewesen.

Solche Entscheidungen sind naturgemäß Teil einer jeden Persönlichkeitsentwicklung. Das Suchen, das Ausprobieren und das permanente Lernen gehören zwingend zu unserer Identitätsbildung dazu. Stück für Stück vervollständigen wir uns, wir folgen dabei gewissen Logiken und Notwendigkeiten, gleichen uns mit unserer Umwelt und den Menschen um uns herum ab und überprüfen uns immer wieder selbst, bis wir – mal mehr, mal weniger bewusst – auf diese Weise nicht nur uns selbst entdecken, sondern der Welt und uns selbst gegenüber auch zu dem finden, was ich unter Haltung verstehe.

Während meiner Arbeit an *Solo für Klarinette* traf ich eine weitreichende Entscheidung, die auf ganz andere Weise zustande kam: nicht aus der Suche heraus, sondern aufgrund des Gefühls, dass mit diesem Film etwas zu Ende ging, dass etwas abgeschlossen war. Schon während der Dreharbeiten wusste ich, dass *Solo für Klarinette* mein letzter Film als Regisseur sein würde. Der Weg, der zu diesem Film geführt hatte, und dann die Arbeit selbst waren für mich wie ein Reifeprozess und wie eine Ablösung gewesen. Eine Ablösung auch von all diesen komplexen Vaterfiguren, nach denen ich so lange gesucht hatte und an denen ich mich immer wieder abgearbeitet hatte.

Es war die Loslösung von Bernd Eichinger und auch von Götz George. Es war ein Ablösungsprozess, und es war eine Befreiung. Es war wie der Abschluss einer über zehn Jahre langen Arbeit. Zum ersten Mal hatte ich das Gefühl, bei etwas angekommen und mit etwas fertig geworden zu sein. Ich war – wenn man so will, das erste Mal überhaupt – auf Augenhöhe mit mir selbst.

Vermutlich war absurderweise auch genau das der Grund, weshalb ich mir während des Drehs von *Solo für Klarinette* am Set plötzlich gesagt habe: Das ist jetzt mein letzter Film. Das war von außen betrachtet ziemlich schräg, denn ich galt noch immer als Talent, meine Filme waren erfolgreich, und ich hatte die Angebote für die nächsten Jahre bereits auf dem Tisch liegen. Alles lief gut, und ich war mir gleichzeitig hundertprozentig sicher, dass ich so nicht weitermachen wollte.

Es war eine sehr klare Entscheidung, und es war eine Entscheidung, die nicht wie ein Bruch im Leben daherkam, sondern sich wie ein sehr natürlicher und konsequenter Wendepunkt anfühlte. Ich war gedanklich und emotional völlig klar, ich hatte große Lust auf etwas Neues, und ich war in gewisser Weise bereit, mich selbst neu zu erfinden.

Ich wusste, dass ich in Zukunft nicht mehr als Regisseur arbeiten wollte, sondern dass ich – wie ich es ja in Ludwigsburg mit den Studierenden bereits erfolgreich ausprobiert hatte – produzieren wollte. Schon während der Fertigstellung von *Solo für Klarinette* erzählte ich den Leuten, die mich in der Arbeit begleiteten, davon und beriet mich mit vielen. Bernd Eichinger gehörte dazu, auch Markus Trebitsch oder Jürgen Kriwitz, der damals als Geschäftsführer der »neuen deutschen Filmgesellschaft« ein legendärer Produzent war.

Einige haben mich für verrückt erklärt, andere machten mir Mut, und es war schließlich Jürgen Kriwitz, der mir den entscheidenden Rat gab. Bei einem Abendessen in Köln, als ich ihm wieder von meinen Plänen erzählte, mich als Produzent selbstständig machen zu wollen, riet er mir: »Machen Sie es, aber machen Sie es nicht alleine. Machen Sie es mit irgendeinem großen Player. Machen Sie es mit uns, mit der ndF, oder machen Sie es mit der UFA.«

Die UFA kannte ich, sie war mir relativ vertraut, weil ich als Regisseur in den Jahren zuvor bereits mehrere Male für sie gearbeitet hatte. Unter anderem hatte ich mit dem UFA-Produzenten und Geschäftsführer Norbert Sauer die Serie *Balko* entwickelt. Es kam schließlich zu einem Abendessen mit Wolf Bauer, der damals UFA-Chef und als Produzent ebenfalls eine Legende war. Wir waren uns bis zu diesem Tag nicht begegnet, mein Ansprechpartner bei der UFA war immer Norbert Sauer gewesen. Ich erklärte auch ihm meine Pläne und dass ich eine Produktionsfirma gründen wolle.

Ich hatte damals schon Bettina Reitz, die heute Präsidentin der Münchner Hochschule für Fernsehen und Film ist, als Partnerin mit im Boot. Sie war zu dem Zeitpunkt in München stellvertretende Redaktionsleiterin bei der Hauptredaktion Fernsehspiel des ZDF und hatte mir zugesagt, sie sei mit dabei, wenn ich wirklich eine eigene Firma gründen würde. Genau wie Doris Zander, die von Studio Hamburg kam. Ich saß also Wolf Bauer gegenüber und war auf einen langen Prozess des Abwägens und zähen Ringens eingestellt. Aber Wolf Bauer hörte sich in diesem ersten Gespräch sehr ruhig meine Ausführungen an und sagte dann, ohne mit der Wimper zu zucken: »Ja, dann machen Sie es mit uns.«

Ich weiß bis heute nicht genau, was der Auslöser für diese Entscheidung war. Wir waren ja eigentlich ein schwer kalkulierbares Risiko. Es gab über dieses eine Gespräch hinaus keinerlei Expertise und niemanden, der garantieren konnte, dass wir das, was ich so vollmundig behauptete, überhaupt hinbekommen würden. Im Nachhinein glaube ich, dass Wolf Bauer innerhalb der schon damals großen UFA mit ihren festen Strukturen nach einem disruptiven Element gesucht hat, das Bewegung bedeutete und einen notwendigen Prozess stetiger Erneuerung in der UFA unterstützen sollte. Der Rest war Instinkt. Und es war der Beginn von teamWorx.

Kapitel 12

Aufbaujahre

Das kleine Unternehmen teamWorx funktionierte wie ein junges Start-up, das es ja letztlich auch war – nur unter dem Dach und mit allen Vorteilen der riesigen UFA. Neben Bettina Reitz, Doris Zander und mir stieß noch Ariane Krampe zum Team hinzu, die bereits bei der UFA arbeitete und dort erfolgreich Serien wie *Verbotene Liebe* oder *Marienhof* produziert hatte. Mit Wolf Bauer hatten wir einen ziemlich ehrgeizigen Businessplan für einen Zeitraum von zunächst drei Jahren verabredet. Wir vier waren alle ungefähr im selben Alter und wild entschlossen.

Und dann gingen wir Klinken putzen. Zu viert tingelten wir durch die Republik, trafen so ziemlich alle, die wir irgendwie kannten. Wir waren ständig irgendwo zum Mittagessen oder Kaffeetrinken verabredet und erzählten, dass wir jetzt die Neuen seien, die Besten, und dass von jetzt an bitte alle mit uns produzieren sollten. Das waren bestimmt fast hundert Termine im ersten Jahr. Es war auch eine Form von Größenwahn, und ich habe im Nachhinein keine Ahnung, woher damals eigentlich das Selbstbewusstsein dazu kam.

Es gab einige Leute, die uns dann tatsächlich ernst genommen haben. Fred Kogel gehörte dazu, der damals SAT.1-Chef war und von dem wir auch die ersten Aufträge bekamen, sowie Redakteure von Sendern wie dem SWR in Baden-Baden, für die ich noch als Regisseur gedreht hatte. Jan Kromschröder, der bei RTL Fiction-Chef wurde, gab uns schließlich eine Art Rahmenvertrag für fünf oder sechs Movies. Damals produzierte RTL noch bis zu dreißig TV-Movies im Jahr, in einer Programmschiene, die sich »Der große TV-Roman« nannte.

Die ersten Movies, die wir produzierten, waren wirklich schrecklich. *Jagd auf den Plastiktüten-Mörder* und ähnliche Titel – die meisten habe ich gnädig verdrängt. Bettina Reitz produzierte dann mit Christian Petzold den Psychothriller *Toter Mann*, der unter anderem den Deutschen Fernsehpreis und in mehreren Kategorien den Grimme-Preis erhielt. Es ergab sich, dass sie bei uns für die eher hochwertigen Programme mit den »Edelregisseuren« zuständig war, während Doris Zander und ich uns im Vergleich dazu verabredungsgemäß eher für die »niederen« Gefilde verantwortlich fühlten und Ariane Krampe Serien produzierte. Es lief insgesamt gut, und es gelang uns sogar, den Businessplan zu erfüllen.

Die entscheidende Wende kam dann eines Tages buchstäblich durch die Tür unserer Büroräume in der Mommsenstraße in Charlottenburg hereinspaziert. Es war ein absoluter Zufall, aber ich weiß nicht, wie sich unsere Firma entwickelt hätte, wenn nicht der Tag gekommen wäre, an dem Hasso Herschel bei uns im Büro stand.

Herschel hatte jahrelang als Fluchthelfer mehr als tausend Menschen zur Flucht aus der DDR verholfen. Er war selbst mit einem gefälschten Pass aus der DDR geflohen und hatte später mit einigen anderen von West-Berlin aus einen 120 Meter langen Tunnel in den Osten gegraben, der vom Keller eines zerbombten Hauses in der Bernauer Straße bis in die Schönholzer Straße in Ost-Berlin führte, um seine Schwester in den Westen nachzuholen. Es war wirklich schräg: Herschel wohnte irgendwo in der Nähe der Mommsenstraße, und plötzlich stand er da und legte uns seine Geschichte auf den Tisch. Es war eine tolle Geschichte. Fünfundzwanzig getippte Seiten, in denen alles drin war.

Ariane Krampe, die extrem gut vernetzt war, setzte den Stoff auch sehr schnell beim ZDF durch, bei Claus Belling und Guido Knopp. Mit zweieinhalb Millionen D-Mark Budget sollten wir einen einteiligen Film für den Sonntagabend drehen. Es war eine Sensation, dass sie den Stoff so schnell verkaufen konnte, und das Budget lag auch noch rund eine Million über dem, was wir normalerweise zur Verfügung hatten.

Eigentlich ein Grund zum Feiern, doch manchmal sind genau das die Momente, an denen es plötzlich nicht mehr stimmt. Jedenfalls regte sich in mir etwas, das man wohl das »Bernd-Eichinger-Moment« nennen kann, dieses »Gen«, das einen dazu bringt, Dinge infrage zu stellen und alles umzuwerfen, um es noch mal neu zu denken. Ich sagte: »Das machen wir nicht.« Das ZDF-Angebot war gut gewesen, aber in mir sträubte sich etwas. Die Geschichte war so gut, und sie war doch viel größer! Ich forderte einen Zweiteiler statt eines einzelnen Films am Sonntagabend, und ich sagte: »Wir brauchen mindestens zehn Millionen.« Zehn Millionen D-Mark, das entsprach damals ungefähr einem Budget von heute zehn Millionen Euro. Für uns wie für die Sender eine ungeheure Summe. Eigentlich war es vollkommener Wahnsinn.

Alle rieten mir, das kleinere Budget zu nehmen und den Sonntagabendfilm zu machen, aber ich war absolut versessen auf dieses Projekt. Ich erinnere mich sehr genau an die Diskussion mit Wolf Bauer: »Das ist Kino fürs Fernsehen. Auf dem Niveau muss das sein!« Und plötzlich kam ganz viel zusammen: Ich bin mit meiner neuen Konzeption in der Tasche gemeinsam mit Ariane Krampe zu Fred Kogel gefahren, der gerade nach etwas suchte, womit er SAT.1 noch einmal entscheidend voranbringen konnte – die haben damals produziert wie die Weltmeister. Und Fred – auch er war sehr eng mit Bernd Eichinger befreundet, obwohl er eigentlich eher aus dem Showbereich kam und nicht aus der Fiction – verstand, was ich wollte. Er und sein Programmleiter Martin Hoffmann waren bereit, einen Zweiteiler in Auftrag zu geben. Aber zehn Millionen D-Mark – das war ein Budget, das auch sie nicht zur Verfügung stellen konnten. Den Durchbruch brachte dann Jan Mojto. Er war in dieser Zeit gemeinsam mit Dieter Hahn einer der mächtigen Stellvertreter von Leo Kirch und für die Produktionsabteilung und die gesamte Produktpalette in dessen KirchMedia verantwortlich, die de facto die größte in Europa war.

Im Laufe der folgenden Jahre und eigentlich bis heute sollte mich viel mit Jan Mojto verbinden. Fast alle meiner großen Projekte sind mit ihm verbunden. Einige sind überhaupt nur durch ihn möglich geworden, andere habe ich gemeinsam mit ihm entwickelt. Mojto stammt aus der Slowakei. Nach dem Einmarsch der Russen in die ehemalige Tschechoslowakei im Jahr 1968 machte er sich mit anderen Intellektuellen gen Westen auf, wo er studierte und schließlich bei Leo Kirch landete.

Heute gehört er selbst zu den großen Filmrechtehändlern. Seine aus der Insolvenzmasse des Kirch-Konzerns hervorgegangene Beta Film ist eine der größten Filmvertriebsfirmen der Welt. Ich habe viele meiner großen Projekte mit ihm gemeinsam gemacht und finanziert. Wie ich selbst hat er ein großes Interesse an zeitgeschichtlichen Stoffen, beide befassen wir uns für die Fragen der Folgen des NS-Regimes, und wir treffen uns in der Beurteilung von Geschichte auch für heutige gesellschaftspolitische Fragestellungen, obwohl oder gerade weil er mit seiner osteuropäischen Herkunft noch einmal mit einer ganz anderen Perspektive und gleichzeitig mit großer Sensibilität für gesellschaftliche und politische Strömungen auf historische und gesellschaftliche Entwicklungen blickt.

Und er hat ein Gespür für Größe, was sich in den Jahren, als wir anfingen, miteinander zu arbeiten, schon in seinem Faible für große Auftritte zeigte. Es konnte vorkommen, dass Jan Mojto zu einer Filmabnahme mit seinem Team in drei großen S-Klasse-Limousinen vorfuhr, denen dann ungefähr acht Männer in eleganten Anzügen entstiegen. Er war damals Mitte vierzig, die anderen Mitte zwanzig, alle top gekleidet, und alle sahen irgendwie aus wie er. Er wird das heute vehement bestreiten, aber damals war das so. Ich besitze Fotos davon, und das ist das Bild, das mir aus dieser Zeit von ihm in Erinnerung geblieben ist. Wir saßen damals aber zunächst in seinem kleinen Büro in München bei Leo Kirch. Mojto konnte viel mit unserer Geschichte anfangen. Die Ost-West-Fluchtgeschichte war ihm nah, auch aufgrund seiner Herkunft und seiner eigenen Geschichte, und er machte schließlich das Budget, das mir in meiner Besessenheit vorschwebte, möglich.

Wir drehten am Ende tatsächlich mit über zwölf Millionen D-Mark Budget einen Zweiteiler für SAT.1. Aber *Der Tunnel* war im Jahr 2000 auch sonst in vielerlei Hinsicht ganz anders als alle Filme, die wir vorher gemacht hatten. Wir besetzten ihn mit einem großen Staraufgebot. Heino Ferch spielte die Figur von Hasso Herschel, Alexandra Maria Lara war dabei, Nicolette Krebitz, Sebastian Koch, Claudia Michelsen und viele andere bekannte Gesichter des deutschen Fernsehens. Wir erzählten extrem populär und emotional, und ich begann bereits während der Dreharbeiten, permanent Pressearbeit zu machen, sehr früh sogar mit einer eigens dafür engagierten zusätzlichen Agentur. Auch das war neu und etwas, das ich aus der Eichinger-Zeit verinnerlicht und von ihm gelernt hatte: wie man das, was man macht, groß macht und es auch groß in die öffentliche Wahrnehmung bringt.

Damit begann etwas, das mir bei den späteren Filmprojekten zur deutschen Zeitgeschichte immer selbstverständlicher wurde und auch immer wichtiger: die Verbindung eines Fernsehfilms mit öffentlicher Aufmerksamkeit. Ihn als Teil einer Debatte zu denken, die über den Tag der Fernsehausstrahlung hinausreicht, indem man ein Thema auf die tagesaktuelle Agenda bringt, an dem sich eine handfeste und auch politische Debatte entzündet.

Der Tunnel wurde ein Erfolg. Die Einschaltquoten waren gigantisch, und auch die Bewertung der Qualität durch Kritik und Presse war gut. Erstmals gewann SAT.1 2001 den Deutschen Fernsehpreis in der Kategorie »Bester Fernsehfilm« und im Jahr darauf, nachdem Richard Oetker auf uns zugekommen war und gefragt hatte, ob wir nicht seine Lebensgeschichte verfilmen wollten, mit dem daraus entstandenen Film *Tanz mit dem Teufel – Die Entführung des Richard Oetker* gleich noch einmal. Die ganze Branche geriet darüber damals ziemlich in Unruhe. Vor allem die öffentlich-rechtlichen Sender fanden es nur bedingt lustig, dass nun wiederholt der private Sender SAT.1 die Preise in diesem Bereich abräumte. Aber so war es. Und für teamWorx fing mit *Der Tunnel* eigentlich alles erst richtig an. Der Film machte eine andere Firma aus unserem kleinen Start-up. Er wurde zur Blaupause für viele weitere Filme, die folgen sollten.

Der Tunnel war ein Film über Zeitgeschichte. Und er war der Beweis, dass man Zeitgeschichte so erzählen kann, dass sich ein großes Publikum dafür interessiert. Das war neu. Zeitgeschichte im Fernsehen, das waren bis dato eher spröde Geschichtsbetrachtungen gewesen, entweder akademisch im Ton oder zumindest halbdokumentarisch. Und wir erzählten Zeitgeschichte nun wie im Kino. Noch dazu publikumsaffin, mit einer emotional geladenen Grundstruktur und bewusst sehr populär.

Es war verblüffend. Plötzlich fand Zeitgeschichte einen ganz anderen Eingang ins deutsche Fernsehen. Sie wurde in jeder Hinsicht wieder Thema. Viele interessierten sich plötzlich dafür, auch andere Produktionsfirmen. Doch wir waren die Pioniere. Die kleine Firma teamWorx veränderte sich fundamental. Wir wuchsen rasant, und wir übertrugen das, was wir mit *Der Tunnel* begonnen hatten, auf andere Zeitgeschichtsstoffe.

Die Stoffe kamen zu uns, durch Autoren und andere Menschen, die mit Vorschlägen an uns herantraten. Aber wir durchsuchten auch buchstäblich und systematisch sämtliche Geschichtsbücher und Chroniken nach zeitgeschichtlichen Stoffen. Wo sind die Stoffe der jüngeren Geschichte, die noch nicht erzählt worden sind? Wo sind die deutschen Stoffe, die sich zu entwickeln lohnen? Und zwar die, die eigentlich ins Kino gehören? Die kleine Bibliothek im Babelsberger UFA-Haus, in das wir später aus Charlottenburg umzogen, nachdem teamWorx mit den anderen fiktionalen Abteilungen der UFA zur UFA Fiction verschmolz, zeugt heute noch davon. Die Regale stehen voll mit den historischen Bänden, die Anfang der Zweitausenderjahre unser Stoffarchiv waren: Hamburger Sturmflut – noch nicht erzählt. Die Luftbrücke nach Berlin – noch nicht erzählt. Die Entführung der »Landshut« – ebenfalls noch nicht erzählt.

Natürlich war jeder dieser Stoffe sehr gut recherchiert. Es ging immer darum, die Ereignisse genau und authentisch wiederzugeben. Allerdings nicht dokumentarisch, sondern in einer fiktionalen, emotional erlebbaren Erzählweise. Es wurde ein Modell daraus, das mit *Der Tunnel* begonnen hatte. Selbstverständlich war jeder Stoff anders und für sich genommen besonders. Und die Vorbereitung für jedes Projekt war nicht nur mit einer journalistischen und wissenschaftlich begleiteten Recherche verbunden, sie führte auch immer wieder zu persönlichen Begegnungen und Gesprächen mit Menschen, durch die Geschichte extrem gegenwärtig erlebbar wurde. Diese Menschen waren sehr unterschiedlich, ja, in ihrer Sicht auf die Welt manchmal fast konträr.

Ich erinnere mich lebhaft an die Gespräche mit Gretchen Dutschke, der Witwe von Rudi Dutschke, deren Tagebücher die Grundlage für den sehr diskursiven Film *Dutschke* über das Leben ihres Mannes waren, der 2010 ausgestrahlt wurde. An Richard Oetker, der uns seine komplette eigene Geschichte erzählte. An Manfred Rommel, dessen Vater, der Generalfeldmarschall Erwin Rommel, in *Rommel* von Ulrich Tukur verkörpert wurde. Oder an Helmut Schmidt, der mich in seinem Büro bei der *ZEIT* empfing und den wir gleich zweimal im Film darstellten – interessanterweise beide Male gespielt von Christian Berkel: 2004 in *Die Sturmflut* und 2007 in *Mogadischu*.

Immer war Geschichte in diesen Gesprächen die unmittelbare Vergegenwärtigung von Erlebtem. Es ging den Gesprächspartnern – und das übertrug sich auf uns, die wir ihnen zuhörten – dabei aber auch um den Versuch, etwas einzuordnen, anderen und sich selbst durch das Erzählen Vorgänge verstehbar zu machen und wie beispielsweise Helmut Schmidt bei unserem Gespräch über die Hamburger Sturmflut, das sehr lange dauerte, die eigene politische Rolle noch einmal zu reflektieren.

Für mich schloss sich mit diesen Arbeiten der Kreis in verschiedener Hinsicht. Zum einen verband sich einmal mehr meine Leidenschaft fürs Filmemachen mit meinem Grundinteresse für journalistische Fragen und für eine journalistisch geprägte Arbeitsweise. Zum anderen wurde ich bei diesem Nachspüren zeithistorischer Ereignisse natürlich an die Suche in meiner eigenen Geschichte und Vorgeschichte, an meine eigenen Fragen an die Historie und an das von meinen Eltern

18 Götz George in *Der Sandmann*

Grimme Preis 1996 – Götz George und Nico Hofmann für *Der Sandmann*

20 Götz George und Corinna Harfouch in *Solo für Klarinette*

21 Szenenfoto aus *Solo für Klarinette*

22 Heino Ferch, Felix Eitner und Sebastian Koch in *Der Tunnel*

3 Benjamin Sadler und Felicitas Woll in *Dresden*

24 Mit Benno Fürmann, Nadja Uhl und Jan Josef Liefers am Set von *Die Sturmflut*

25 Mit der Produzentin Bettina Reitz, Maria Furtwängler und Jean-Yves Berteloot am Set von *Die Flucht*

6 Maria Furtwängler und Stella Kunkat in *Die Flucht*

Regisseur Christian Schwochow (links) gibt Regieanweisungen am Set von
Der Turm.

28 Götz George und Nico Hofmann am Set von *George*

29 *Unsere Mütter, unsere Väter* – Ludwig Trepte, Katharina Schüttler, Volker Bruch
Miriam Stein, Tom Schilling (v.l.n.r.)

30 Volker Bruch und Tom Schilling in *Unsere Mütter, unsere Väter*

Der Regisseur Philipp Kadelbach gibt Szenenanweisungen am Set von *Unsere Mütter, unsere Väter.*

32 Szene aus *Ku'damm* 56 mit Sonja Gerhardt und Trystan Pütter

33 Mit Alicia von Rittberg am Set von *Charité*. Im Hintergrund Matthias Koeberlin Justus von Dohnányi, Christoph Bach und Maximilian Meyer-Bretschneider

Erlebte erinnert. Und das umso mehr, als wir uns bei unserer filmischen Reise durch die historischen Ereignisse des 20. Jahrhunderts nicht auf die unmittelbare zeitnahe Vergangenheit beschränkten, sondern tiefer bohrten. Tiefer bohren mussten. Denn auch die Zeit des »Dritten Reiches« war bisher nie auf diese Art und Weise erzählt worden, die wir gerade für uns entdeckt hatten.

Das Thema trieb uns um. Nicht nur mich, es kamen weitere Produzenten dazu, denen es ähnlich ging. Joachim Kosack etwa oder Gabriela Sperl, die bei uns produzierten: *Stauffenberg*, die Geschichte des Hitler-Attentats, oder später als sehr aufwendige Produktion *Die Flucht*, die Joachim und Gabriela gemeinsam verantworteten und in der Maria Furtwängler die Hauptrolle in einer prototypischen Vertreibungsgeschichte aus Ostpreußen spielte.

Aber auch sonst wurde das Produzententeam von teamWorx immer größer. Wir arbeiteten dabei sehr partnerschaftlich und gemeinsam. Auch ich selbst verantwortete kaum ein Projekt mehr ganz alleine. Meist arbeiteten wir zu zweit oder zu dritt an einer Produktion. Viele meiner Arbeiten entstanden so zum Beispiel gemeinsam mit Sascha Schwingel, der heute Redaktionsleiter der ARD Degeto ist, mit Christian Rohde, mit der Dramaturgin Carolin Haasis, inzwischen ebenfalls Redakteurin bei der Degeto, oder mit Benjamin Benedict und Sebastian Werninger, die beide bis heute als Produzenten zu meinen engsten beruflichen Weggefährten und Vertrauten zählen. Überhaupt begleiten mich viele der damaligen teamWorx-Mitarbeiter bis heute. Joachim Kosack, Benjamin Benedict und Sebastian Werninger etwa sind heute gemeinsam mit Markus Brunnemann und Jörg Winger innerhalb des UFA-Konzerns Geschäftsführer der UFA Fiction und damit eines der wichtigsten deutschen Produzententeams.

Gemeinsam landeten wir mit unseren Filmen bei teamWorx in einem Bereich, der für die fiktionale Darstellung im Fernsehen bis dahin nahezu tabuisiert gewesen war. Es hatte bisher wohl Dokumentarfilme, aber keine fiktionalen Filme über die Flucht aus Ostpreußen gegeben, keine Filme über die Bombardierungen deutscher Großstädte und keine Filme über die Kriegserlebnisse und die Gräueltaten von deutschen Soldaten aus der Generation unserer Väter während des Zweiten Weltkrieges. Und auch beinahe dreißig Jahre nach der Ausstrahlung von *Holocaust* gab es noch immer jede Menge Tabus bei der Frage, was man zeigen und in welcher Form man es im Film darstellen und erzählen durfte. Jeder unserer Filme aus dieser Zeit führte zu zwei Debatten: Die eine kreiste um die Frage »Darf man das? Darf man das überhaupt, und wenn ja, darf man es so zeigen?« Die zweite Debatte, die viel interessanter war als die Frage nach dem *Ob* und dem *Wie*, war die hochemotionale Auseinandersetzung der Zuschauer darüber, *was* sie gesehen hatten und was es für ihr Leben oder das Verhältnis zu ihrer eigenen Familiengeschichte bedeutete.

Und ich war – ob ich wollte oder nicht – auch als Produzent wieder bei meinem Lebensthema angelangt. So wie als Regisseur schon zur Zeit meines Studiums an der Münchner Filmhochschule. Nur dieses Mal gemeinsam mit einem ungleich größeren Publikum und mit einer ganz anderen öffentlichen Aufmerksamkeit.

Kapitel 13

Verstehen heißt nicht verzeihen

Eine Debatte ist nicht planbar, ein Film schon. Wenn auch nicht sein Erfolg, dann doch seine Machart und bis zu einem gewissen Punkt auch seine Wirkungsmechanismen. Film hat eine extrem vielschichtige Struktur: Drehbuch, Schauspiel, Bildführung und Bildästhetik, Schnitt, Rhythmus, Sounddesign – all das kommt auf hochkomplexe Weise zusammen. Und all das will beherrscht sein. Denn erst, wenn man beim Filmemachen alle diese Ebenen und ihr Wechselspiel genau versteht, kann man einen wirklich guten Film machen. Erst dann kann man in der beabsichtigten Qualität auch das zum Ausdruck bringen, worum es bei einem gut gemachten Film – jenseits von aller handwerklichen Machart – natürlich immer vor allem geht: um das, was man erzählen will, um die Vision, die dahintersteckt.

Ich glaube sehr an die handwerklichen Grundlagen für einen guten Film, die gleichzeitig immer mehr sind als bloßes Handwerk, nämlich Ausdruck einer künstlerischen Sprache und eines künstlerischen Prozesses. Und es ist nicht nur ein extrem komplexer, sondern auch ein sehr sinnlicher Prozess. Ich bin, was diesen Prozess angeht, als Produzent Perfektionist. Das gilt für die genaue Vorbereitung eines Projektes, für die Entwicklung, die oft Jahre dauern kann, für die richtige Besetzung und die Auswahl der Regie. Es gilt für den Dreh selbst, und es gilt vor allem auch für die Nachbereitung in der sogenannten Postproduktion. Man kann gerade durch den Schnitt einen Film enorm verändern, und es dauert oft Monate und unendliche Stunden im Schneideraum, bis ich mit dem Ergebnis zufrieden bin.

Ich habe im Laufe der Jahre gelernt, einen neuen Schnitt meines eigenen Films so anzuschauen, als wäre er nicht von mir. Ich lasse den Rohschnitt und sämtliche weitere Schnittfassungen, wenn ich sie mir anschaue, mit größtmöglicher Objektivität auf mich wirken. Und ich schneide so lange an einem Film, bis das Ergebnis so ist, dass es mich packt. Erst, wenn ich in der Voraufführung oder bei der Abnahme eines Filmschnittes gedanklich und emotional so von dem gefesselt werde, was ich sehe, dass ich nicht mehr über den Schnitt nachdenke, erst, wenn ein Film mich selbst überwältigt, kann ich loslassen.

Natürlich ist die Qualität eines Films noch nicht der Garant für seinen Erfolg. Nicht jeder gute Film ist automatisch ein Publikumserfolg, und nicht jeder gute Film wird von Presse und Kritik gefeiert. Und oft genug liegen gerade bei diesen beiden Erfolgskriterien die Bewertungen weit auseinander: Nicht jeder Quotenhit ist ein Kritikererfolg, und umgekehrt findet nicht jeder von der Kritik gefeierte Film sein Publikum. Aber, davon bin ich überzeugt, die Qualität in der Machart eines Films ist die Voraussetzung für beides.

Gleiches gilt für das, was ein Film auszulösen in der Lage ist. Nicht jeder gute und nicht jeder kontrovers gedachte Film löst auch eine Debatte aus. Und eine gute Quote ist ja erst mal noch nichts anderes als eine Messung der Zahl all der Menschen, die eine Sendung oder einen Film gesehen haben, und bedeutet noch lange nicht, dass der Film über den Tag seiner Ausstrahlung hinaus irgendeine Wirkung erzielt. Aber, so behaupte ich, auch hier gilt der Grundsatz, dass man nur mit einem guten Film in der Lage ist, einen Nerv zu treffen. Und das muss man, wenn man will, dass über einen Film diskutiert wird, dass er zum Thema in der Presse und der öffentlichen Wahrnehmung wird und dass ein Gespräch darüber bis hinein in die privaten Kreise von Familie und Freunden stattfindet.

Dabei ist interessant, dass die Kriterien für Qualität in diesem Zusammenhang – also der Frage, wann man einen Nerv trifft und vor allem auch, wann ein Publikum bereit ist, sich von einem Film treffen zu lassen – nicht statisch sind, sondern sich im Laufe der Zeit verändern.

Ganz sicher gibt es bei den frühen Zeithistorienfilmen, die in der teamWorx-Zeit entstanden sind, Filme, die wir heute nicht mehr genauso machen würden. Und ebenso sicher wäre es kaum vorstellbar gewesen, dass ein Film wie der Dreiteiler *Unsere Mütter, unsere Väter*, der 2013 ausgestrahlt wurde, zehn Jahre vorher in der gleichen Machart überhaupt seinen Weg ins deutsche Fernsehen gefunden hätte. Und falls doch, wäre er vermutlich aufgrund der vorherrschenden Sehgewohnheiten kaum vom Publikum angenommen worden. *Mogadischu* sieht anders aus als *Die Flucht,* und *Unsere Mütter, unsere Väter* sieht anders aus als *Dresden*. Das Publikum hat sich gemeinsam mit uns und unserer Formensprache weiterentwickelt. *Unsere Mütter, unsere Väter* ist viel dokumentarischer, auch schonungsloser als die Filme, die ich vorher zu ähnlichen Themen produziert habe. Ästhetisch und erzählerisch haben wir den Zuschauern dabei viel mehr zugemutet und auch mehr riskiert als noch in *Die Luftbrücke* aus dem Jahr 2005 oder bei *Sturmflut* oder *Dresden*, die beide – zeitlich sehr kurz hintereinander – im Jahr 2006 ausgestrahlt wurden.

Die Filme aus dieser früheren Zeit sind in ihrem Duktus noch sehr dem Melodram verhaftet. Viele haben eine – aus heutiger Sicht – bisweilen etwas plakative fiktionale Grundstruktur, meist mit einer großen Liebesgeschichte im Zentrum, die als

Transportmittel oder auch als eine Art emotionaler Türöffner für die zeitgeschichtlichen Ereignisse fungierte, von denen wir in diesen Filmen erzählten.

Das mag von heute aus betrachtet etwas zu pathetisch wirken, und sicher würde ich heute auch einen britischen Luftwaffenoffizier nicht mehr mit einem der bekanntesten deutschen Fernsehschauspieler besetzen, wie ich es noch bei der *Luftbrücke* getan habe. Heute beziehungsweise schon seit einigen Jahren erzählen wir ganz sicher noch authentischer, unvermittelter, rauer und direkter. Aber damals war das – neben der ausufernden Kinoästhetik, mit der wir erzählten – der Weg, eine große Zahl von Zuschauern zu gewinnen und sie für Zeitgeschichte, die ja wie gesagt im Fernsehen noch nie auf diese Art und Weise erzählt worden war, zu begeistern und ihnen vor allem auch einen emotionalen Zugang zu ermöglichen. Das war neu, und damit erreichten wir den Zuschauer so, dass er sich selbst mit seinem eigenen Leben und Erleben darin wiederfand, was die Voraussetzung dafür ist, dass eine Debatte entsteht.

Gerade ein Film wie *Dresden* gehört für mich deshalb auch heute noch zu meinen wichtigsten Filmen, und er entstand mit einem ganz klaren Anliegen. Das ist vielleicht das, was sich bei aller Unterschiedlichkeit dieser Filme nicht geändert hat: Sie sind alle aus einer ganz klaren, fast schon aufklärerischen Haltung heraus entstanden. Ich wollte etwas von diesen zeitgeschichtlichen Ereignissen begreifen, nicht nur intellektuell, sondern auch in allen menschlichen Dimensionen und in ihrer emotionalen Tragweite. Ich wollte die Dinge schonungslos zeigen, sodass sie nicht nur aus einer didaktisch aufbereiteten distanzierten Perspektive verstanden, sondern auch in ihrer ganzen Brutalität erlebbar wurden.

Stefan Kolditz schrieb damals das Drehbuch zu *Dresden*, und damit begann eine für mich extrem wichtige Zusammenarbeit, denn *Dresden* war zugleich der Beginn der fast achtjährigen gemeinsamen Vorbereitung des Films *Unsere Mütter, unsere Väter*, für den ebenfalls Stefan Kolditz das Drehbuch geschrieben hat. Auch das Skript für die filmische Neuinterpretation von Bruno Apitz' Roman *Nackt unter Wölfen*, die wir 2014 produzierten, stammt aus seiner Feder.

Dresden erzählt vor dem Hintergrund der Luftangriffe auf Dresden und der völligen Zerstörung der Stadt durch US-amerikanische und britische Bomber im Februar 1945 eine fiktive Geschichte: Dr. Carl Mauth, im Film gespielt von Heiner Lauterbach, ist Krankenhausdirektor und entwendet eine große Menge Morphium, das für die Versorgung der Verwundeten bestimmt ist, um damit Dresden zu verlassen und mit dem Erlös später seine geplante Privatpraxis in der Schweiz zu finanzieren.

Sein jüngerer Kollege, der Chirurg Alexander Wenninger, dargestellt von Benjamin Sadler, weiß davon, deckt Mauth aber nicht zuletzt deshalb, weil er dessen Tochter Anna heiraten will. Anna, die im Film von Felicitas Woll verkörpert wird, arbeitet im selben Krankenhaus als Krankenschwester, verliebt sich aber in den abgeschossenen britischen Bomberpiloten Robert Newman, der im Krankenhaus Zuflucht sucht. Robert Newman hatten wir mit dem britischen Schauspieler John Light besetzt.

Die geplante Flucht von Annas Familie scheitert wegen des Bombenangriffs auf Dresden, der im zweiten Teil des Films mit großer Wirklichkeitstreue gezeigt wird. Anna, Wenninger und Newman erleben den Feuersturm nach dem Angriff gemeinsam. Im Epilog berichtet Anna, dass Robert nach Kriegsende kurz vor der Geburt der gemeinsamen Tochter bei einem Flugzeugabsturz über der Nordsee stirbt. Filmisch schlagen wir eine Brücke in die Gegenwart: Die letzten Filmbilder sind Originalaufnahmen von der Weihe der neu aufgebauten Dresdner Frauenkirche mit dem damaligen Bundespräsidenten Horst Köhler, der beim Festakt die europäische Völkerverständigung und die zukünftige Vermeidung von Krieg beschwor.

Bei *Dresden* waren mir zwei Dinge wichtig: Ich wollte, dass wir die Bombardierung der Stadt aus zwei Perspektiven zeigen. Nicht, um die eine gegen die andere auszuspielen, sondern um zu zeigen, dass an Geschichte, und dabei gerade auch an den zentralen Konflikten und Auseinandersetzungen, immer mehrere Seiten involviert sind und alle Beteiligten dabei immer Geschichte auch persönlich erleben. Das gilt auch für die Zeit des Nationalsozialismus, und das hat mit einer zu Recht gestellten Schuldfrage erst mal überhaupt nichts zu tun.

In der Draufsicht und in der Nachlese aus der zeitlichen Distanz wird Geschichte objektivierbar. Und auch während sie sich vollzieht, gelten ganz gewiss moralische und ethische Kriterien, die nicht verhandelbar sind. Die Verbrechen der NS-Zeit werden immer Verbrechen bleiben, die solitär und durch nichts relativierbar sind, egal aus welcher Perspektive man sie betrachtet und von ihnen erzählt.

Das unmittelbare Erleben von Lebensereignissen ist jedoch immer ein subjektives, denn es sind Menschen, die Dinge tun und erleben. Das wird umso deutlicher, wenn Menschen aufeinandertreffen. Deshalb war es eine unabdingbare Grundidee von *Dresden*, dass es die Figur des britischen Bomberpiloten braucht, der mit seinem Flugzeug abstürzt. Der deutsch-britische Doppelblickwinkel war mir wichtig. Es wäre für mich undenkbar gewesen, diesen Film ohne die Einbindung einer britischen Perspektive und ohne die damit verbundene historische Kontextualisierung zu machen, denn es ging uns nicht darum, die Bombardierung als eine die Nazigräuel relativierende deutsche Opfergeschichte zu erzählen. Vielmehr ging es darum, die

Folgen dieses Krieges auch im Land derer, die ihn angezettelt hatten, schonungslos zu zeigen.

Das war der zweite Punkt: Mir war wichtig, dass die Bombardierung in ihrer ganzen grausamen Brutalität sichtbar wird. Gerade übrigens auch, weil der erste Teil des Films so stark von dem Melodram dominiert wurde. Ich wollte die ganze Bombennacht möglichst so zeigen, wie sie war. Ich wollte das ganze Ausmaß der Apokalypse einer solchen Bombardierung und des sich daran anschließenden Infernos des Feuersturms visuell sichtbar und emotional erlebbar machen. Ich wollte, dass klar und auch in Bildern sichtbar wird, was Krieg wirklich bedeutet und was er mit den Menschen macht, die ihn erleben.

Diese Zerstörung, das waren auch Bilder aus den Erzählungen meiner Eltern, an die ich anknüpfen konnte. Ich kannte die immer wiederkehrenden Schilderungen meiner Mutter von ihrer Rückkehr aus dem Kinderlandverschickungslager nach dem Krieg ins völlig zerstörte Mannheim. Es sind Berichte, die auch mich als Teil der nachfolgenden Generation geprägt haben. Dieses Zurückkommen als Kind in gleich mehrfachem Sinne: Du läufst als Kind durch eine völlig zerstörte Stadt. Es ist nichts mehr da, was du gekannt hast. Nicht die Häuser und auch nicht diese verblendete Ideologie, die einmal ein junges Mädchen wie meine Mutter beherrscht hatte. Alles ist zerstört und tot und falsch, und es braucht eine völlige Neudefinierung.

Diesen absoluten Komplettvernichtungsmoment, den wollte ich zeigen. Und den Weg dahin, diese apokalyptische Zerstörung, die nichts mehr zurücklässt außer der Frage, was das denn eigentlich bedeutet, wenn da am Ende einfach nichts mehr ist. So wie am Schluss unseres Films, wenn eigentlich selbst die Sprache aufhört zu existieren. Deshalb war es mir wichtig, die Bombardierung im Film so unaufhaltbar und auch so realistisch wie möglich darzustellen. Der Regisseur Roland Suso

Richter und der Kameramann Holly Fink haben sehr eingängige und nur schwer auszuhaltende Bilder dafür gefunden. Das war enorm aufwendig, denn zu der Zeit – heute kaum noch vorstellbar, dabei sind es noch keine fünfzehn Jahre her – war die Digitaltechnik noch längst nicht so ausgereift wie heute. Wir mussten alles sehr realistisch bauen und tatsächlich auch alles real drehen, mit eigens eingerichteten Feuerfeldern, auf denen die Feuer ununterbrochen brannten, außerdem mit den dementsprechend dazugehörigen feuerfesten Kulissenbauten und Hunderten von Komparsen.

Es war ein irrsinniger Aufwand, aber ich wusste, der Film würde seine Wirkung verfehlen, wenn es nicht wehtun würde, diese Bombardierung auf der Leinwand oder dem Bildschirm zu sehen. Und *Dresden* anzuschauen, tat weh.

Den ersten Teil von *Dresden* sahen am Ausstrahlungswochenende im ZDF zwölfeinhalb Millionen Zuschauer, den zweiten Teil noch mal fast zwölf Millionen. Und obwohl ich schon bei der vorbereitenden Pressearbeit gespürt hatte, dass der Film etwas auslösen würde, übertrafen diese Zahlen alle Erwartungen. Erst knapp vier Wochen zuvor war mit *Die Sturmflut* auf RTL, ebenfalls eine Produktion von uns, ein großer Historienfilm gelaufen. Auch hier waren die Einschaltquoten gigantisch gewesen, und ich rechnete nicht damit, dass es uns zweimal in so kurzer Zeit hintereinander gelingen würde, eine ähnlich große Aufmerksamkeit für einen solchen Film zu bekommen. Aber es gelang, und der Film wurde zu dem, was man im Fernsehen einen »Straßenfeger« nennt, mit Quoten von über dreißig Prozent. Etwas, das es heute eigentlich nicht mehr gibt.

Die Reaktionen auf die Ausstrahlung waren hochemotional. Nicht nur in Dresden, wo wir den Film als Premiere im großen Saal des Theaters zeigten. Ich erinnere mich noch sehr gut daran. Der Film veränderte einen. Man hatte, als man nach Filmende aus dem Kino ging, eine andere Wahrnehmung von der Stadt. Und die Menschen hatten, nachdem sie den Film angeschaut hatten, das Bedürfnis zu reden. Sie sprachen über ihre eigenen Erlebnisse im Krieg, oder sie fragten nach, und es begann ein Gespräch zwischen den Generationen innerhalb der Familien. Es gab offenbar ein ungeheures Mitteilungsbedürfnis, das jahrzehntelang kein Ventil gefunden hatte. Es brach sich ein Drang Bahn, darüber zu reden, was jeder Einzelne in solchen Bombennächten erlebt hatte. Der Film setzte eine wochenlange Diskussion in Gang, und noch heute erzählen mir immer wieder Menschen, dass mit diesem Film eine ganz neue Qualität des Erzählens und der Auseinandersetzung auch in und mit ihren eigenen Familien begonnen habe.

Natürlich gab es wie bei all meinen Filmen, die sich mit dem Thema Nationalsozialismus und Kriegserlebnis auseinandersetzten, auch für *Dresden* harsche Kritik. Zwar wurden wir erneut mit dem Deutschen Fernsehpreis für den besten Film ausgezeichnet, aber von vielen wurde uns im Prinzip derselbe Vorwurf gemacht wie der amerikanischen Serie *Holocaust* fast dreißig Jahre zuvor: Durch die Liebesgeschichte und mit den Mitteln des Melodrams werde die eigentliche Dimension des Nationalsozialismus und des Holocaust verharmlost und verkitscht. Der Grusel der Bombardierung werde zur Folie einer in sich banalen Liebesgeschichte und nicht andersherum. Und schlimmer noch: Der Film mache sich der Geschichtsrelativierung schuldig, indem er die Täter-Opfer-Logik umkehre. Nicht die Gräueltaten des Holocaust und der Massenmord der Deutschen seien das Thema, sondern das Leid der deutschen Bevölkerung. »Von Auschwitz verlagert sich der Blick nach Dresden«, fasste beispielsweise Rüdiger Suchsland auf *Telepolis* unter dem Titel »Herz-Schmerz-Kriegsdrama« seine Kritik an dem Film zusammen: »Während im einen Ort Täter und Schuld zwangsläufig dominieren, ist Dresden ein Ort der unschuldigen Opfer. Endlich dürfen Deutsche hier vermeintlich Kollateralschaden sein und nicht Täter, die die gerechte Strafe ereilt. *Dresden* wird so zur Metapher der Relativierung.«

Die Diskussion berührte einen schwierigen Punkt: Darf man, wenn man Filme über die Zeit des Nationalsozialismus macht, auch das Leiden des Tätervolkes thematisieren und zeigen? Und wenn ja, darf man dabei einen emotionalen oder gar einen empathischen Blick auf die Ereignisse haben?

Immer wieder haben wir auch bei teamWorx diese Fragen gestellt. Etwa als wir den Film *Rommel* drehten, der die letzten sieben Lebensmonate des Generalfeldmarschalls Erwin Rommel von März bis Oktober 1944 zum Gegenstand hat. Wir verwendeten als Grundlage für unseren Film vor allem die originalen Kriegstagebücher Rommels und andere zeitgeschichtliche Dokumente.

Wir versuchten damit, der Figur Rommels möglichst nahe zu kommen, aber nicht, um sie von Schuld und Verantwortung freizusprechen, sondern um begreifbar zu machen, warum und auf welche Weise jemand wie er sich derart konsequent und letztlich fraglos in die Kriegsmaschinerie des NS-Regimes hatte einbinden lassen. Es ging zwar darum, Nähe zu erzeugen, auch emotionale Nähe, aber nicht bedingungslose Empathie und distanzlose Identifikation. Nicht umsonst war dem Film ein Zitat von Hannah Arendt vorangestellt: »Wir sind auch für unseren Gehorsam verantwortlich.«

Die Reaktionen der meisten Zuschauer von *Dresden* bezogen sich auf einen ganz anderen Aspekt. In ihnen kamen vor allem Betroffenheit und das Bedürfnis zu reden zum Ausdruck. Der Dialog kanalisierte sich dabei außer in öffentlichen Debatten in Zuschauerzuschriften und Leserbriefen. Die sozialen Netzwerke waren 2006 als Diskussionsplattform noch längst nicht so verbreitet wie heute. Und in den zahllosen Zuschriften wurde nicht dem Revanchismus das Wort geredet, sondern es ging darin um eine sehr emotional geprägte Auseinandersetzung mit der eigenen Geschichte.

So wie später auch nach der Ausstrahlung von *Die Flucht* wurden wir, der Sender und die Presse dabei von sehr vielen Menschen als Anlaufstelle genutzt, um ihre eigenen Erlebnisse aus der damaligen Zeit zu erzählen oder auch nur, um ihren Gefühlen und Einsichten, die sie durch den Film bekommen hatten, Ausdruck zu verleihen. Es gab tatsächlich nicht nur eine Vielzahl an Briefen, es gab auch Menschen, die ihre kompletten Tagebücher einschickten, so groß war offenbar die Sehnsucht nach einem Ventil, wo vorher eine zu lange Zeit Reden nicht möglich gewesen war.

Man fragt sich, und wir haben uns das sehr intensiv gefragt, was denn die tieferen Gründe für solch lange bestehende und eingehaltene Tabus waren. War es sozusagen eine logische Fortsetzung des Schuldgefühls, des Bewusstseins, als Auslöser und Kriegstreibernation das eigene Leid nicht thematisieren zu dürfen? Denn die Bomben auf Deutschland waren ja die Umkehrung des Krieges, den Deutschland selbst grausam in Europa führte. Sie waren die Rückkehr dieses Krieges ins eigene Land.

Dresden hat nach seiner ersten Ausstrahlung die Menschen auf unglaubliche Weise elektrisiert, geöffnet und zu intensiv geführten Diskussionen animiert. Bis heute wird der Film in der Stadt selbst regelmäßig zum Jahrestag der Bombennacht gezeigt, und jedes Jahr besuchen bis zu 800 Menschen diese Veranstaltung und diskutieren danach über den Film. Es gibt offenbar noch immer ein starkes Mitteilungsbedürfnis der Überlebenden, Zeugnis darüber abzulegen, was in diesen Nächten in Dresden passiert ist. Und vor allem auch darüber zu reden, dass allen, die die Feuernächte damals erlebt haben, spätestens in diesem Moment klar wurde, dass ein ganzes System und seine Ideologie dem Untergang geweiht waren.

Nicht Relativierung ist dabei das Thema, sondern die Erkenntnis, dass jeder Einzelne Bestandteil der Apokalypse des Untergangs war und dass alle zusammen diese Apokalypse selbst ausgelöst hatten. Das war für viele Dresdner die Quintessenz aus diesen Nächten: zu begreifen, dass diese Katastrophe nicht einfach an die Briten zu adressieren ist, sondern dass die Deutschen sich selbst schuldig gemacht hatten.

Die Verbrechen des Nationalsozialismus und ihre Folgen – für Opfer wie für Täter – zu zeigen, um sie zu verstehen, heißt eben nicht, sie zu verzeihen oder gar zu entschuldigen. Im Gegenteil, sie zu zeigen heißt auch, auf die zu zeigen, die sie verursacht haben und sie damit zu konfrontieren. Eine Konfrontation, die von der Bereitschaft zum Dialog geprägt sein kann, wenn etwas eine private und gesellschaftliche Dimension erreicht, die man allein gar nicht mehr erfassen kann. Eine Konfrontation also, die vom Willen zu verstehen geprägt ist, die aber deshalb nicht darauf verzichtet, die Täterschaft auch zu benennen und die Täter anzuklagen.

In *Nackt unter Wölfen*, der bereits erwähnten filmischen Neuinterpretation des Romans von Bruno Apitz, der im KZ Buchenwald spielt, ist etwa die eindrücklichste Szene der Moment, in dem die Hauptfigur, kurz bevor sie erschossen wird, ihren Aufsehern laut entgegenschleudert: »Irgendwann wird man das hier vergessen haben. Aber euch nicht! Die Schande der Menschheit. euch wird man nie vergessen!«

Bei der Premiere von *Dresden* war auch der ehemalige Bundeskanzler Helmut Kohl anwesend. Er saß während der Vorführung in der ersten Reihe und war sichtlich bewegt. Und auch er hatte nach der Premiere das dringende Bedürfnis zu reden.

Sehr lange sprach er im Anschluss über seine eigene Erinnerung, und am Tag nach der Fernsehausstrahlung erschien in der *Bild*-Zeitung eine ganze Seite mit einem Interview, in dem Helmut Kohl zu dem Film befragt wurde und in dem er bereitwillig und sehr emotional von seinen Einsätzen als Mitglied des Schülerlöschtrupps in Ludwigshafen und von angstvoll durchwachten Nächten im Luftschutzbunker während der Luftangriffe auf seine Heimatstadt berichtete.

Gefragt, was man denn aus einem Film wie *Dresden* lernen könne, antwortete er: »Ich denke, drei Dinge: Erstens, und das schreiben Sie ruhig in ganz dicken Buchstaben: NIE WIEDER KRIEG! Zweitens: Auch in den schwierigsten Zeiten heißt das Gebot: Ja zur Menschlichkeit! Und drittens: Wir müssen wachsam sein, dass wir nie wieder unsere Freiheit verlieren. Denn was dann passiert, zeigt der Film ja sehr eindrucksvoll.«

Nun ist es nicht so, dass es mich mit Befriedigung erfüllt, wenn ein ehemaliger Bundeskanzler in einem von mir produzierten Film sitzt und Tränen in den Augen hat. Aber seine Angefasstheit und auch seine Gedanken zu dem Film zeigen, welche Dimension die Debatte hat und warum sie so wichtig ist. Denn sie berührt weit mehr als nur private Erinnerungen. Sie reicht bis tief hinein in die Gestaltungsräume unserer Gesellschaft.

Der Grundgedanke der Europapolitik von Helmut Kohl entsprang dem Bewusstsein und der Reflexion von Geschichte, deren Wiederholung es unter allen Umständen zu vermeiden galt. Das war die ganz klare Haltung einer ganzen Generation von Politikern. Sie wussten um die Bedeutung der brutalen Folgen eines durch pervertierten Nationalismus ausgelösten Krieges. Denn sie hatten ihn in seiner ganzen Härte selbst erlebt. Dieses Bewusstsein der eigenen Geschichte war der Antrieb und der Kompass für das gemeinsame freiheitliche Projekt Europa, Wirtschaftsverbund und Währungsunion inklusive.

Ein Bewusstsein, das uns heute ebenso verloren zu gehen droht wie eine klare europäische Vision. Auch das ist ein Grund, warum ich das Bewusstsein für unsere Geschichte und die Auseinandersetzung damit für so eminent wichtig und unabdingbar halte. Wir dürfen nicht aufhören, uns mit unserer Geschichte zu beschäftigen. Schon allein unserer Zukunft wegen.

Es ist der französische Staatspräsident Emmanuel Macron, der in Zeiten, in denen der europäische Gedanke von vielen Seiten bedroht ist und in denen in immer mehr Ländern und immer lauter nach Nationalismus statt nach einem gemeinsamen Europa gerufen wird, der gemeinsamen europäischen Idee wieder Leben einhaucht und eine transnationale europäische Vision formuliert.

Und natürlich beruft auch er sich in seiner mehr als bemerkenswerten Rede an der Pariser Sorbonne am 26. September 2017 auf das Bewusstsein der europäischen Geschichte als Quelle für eine klare Haltung zu und für Europa: »Wir sind die Erben dieser ganzen Geschichte. Wir sind die Erben zweier Explosionen, die Nacht über unser Europa hätten bringen müssen. Ich spreche von denen des vergangenen Jahrhunderts, den beiden Weltkriegen, die Europa dezimiert haben und die uns hätten verschlingen können. Doch gemeinsam haben wir die Prüfung gemeistert, ohne jemals die Lektionen daraus zu vergessen.

Die Idee hat über die Ruinen triumphiert. Der Wunsch nach Brüderlichkeit war stärker als Rache und Hass. Durch die Klarsicht der Gründerväter wurde dieser jahrhundertealte Kampf um die Vorherrschaft in Europa in eine brüderliche Zusammenarbeit umgewandelt beziehungsweise in friedliche Rivalität. Hinter der Europäischen Gemeinschaft für Kohle und Stahl oder dem Binnenmarkt stand bei diesem Projekt das Versprechen auf Frieden, Wohlstand und Freiheit.«

Ein Versprechen, das bedroht ist. Weil die Welt sich verändert hat, aber auch, weil wir geschichtsvergessen geworden sind. Der europäische Gedanke ist aus dem Blick geraten, stattdessen bricht sich eine Form des sich auf Nationalismus berufenden Rechtspopulismus Bahn, wie ihn nicht nur Frankreich kennt, sondern wie ihn derzeit nahezu alle Länder in Europa erleben und der in Deutschland den Namen AfD trägt.

»Die Dämme, hinter denen sich Europa entfalten konnte, sind verschwunden«, so Macron weiter in seiner Pariser Rede. »Hier ist es nun, geschwächt den Stürmen der Globalisierung ausgesetzt, und was ohne Zweifel noch schlimmer ist, Ideen ausgesetzt, die sich als bessere Lösungen präsentieren. Diese Ideen haben einen Namen: Nationalismus, Identitarismus, Protektionismus und Souveränismus durch Abschottung. Diese Ideen, die so oft die Flammen entfacht haben, in denen Europa hätte untergehen können, treten in jüngster Zeit im neuen Gewand in Erscheinung. Sie nennen sich legitim, weil sie die Angst der Bevölkerung zynisch ausnutzen.

Zu lange haben wir ihre Macht ignoriert. Zu lange waren wir uns sicher, dass die Vergangenheit uns nicht mehr einholt, haben wir gedacht, dass wir die Lektion gelernt hätten. Wir haben gedacht, dass wir uns in der Trägheit, in der Gewohnheit einrichten könnten, dass wir dieses Ziel ein wenig aus den Augen verlieren könnten, diese Hoffnung, die Europa tragen sollte, weil sie zu einer Selbstverständlichkeit geworden war, deren Faden wir verloren hatten.«

Viel pathetischer, aber auch besser und richtiger kann man es kaum sagen. Und es ist eben nicht egal, was auch wir selbst zu diesem Thema beizutragen haben und wie wir – jeder Einzelne von uns – uns verhalten. Im Gegenteil, es braucht für eine zukünftige Gestaltung von Gesellschaft im Allgemeinen und von Europa im Speziellen vor allem eines: Haltung.

Diese Erkenntnis stellt Emmanuel Macron seiner Rede interessanterweise als Erstes voran, noch bevor er über Europa zu reden beginnt: »Jeder hat sich daran gewöhnt, nicht mehr zu sagen, was er denkt, was er sich wünscht, und dabei zu glauben, dies sei eine Taktik. Die Erfahrung zeigt, dass dies nirgends hinführt.«

Kapitel 14

Unsere Mütter, unsere Väter und wir

Um zu erfahren, was geschehen ist, fragt man am besten die, die dabei gewesen sind. Auch um aus der zeitlichen Distanz heraus zu verstehen, wie etwas geschehen konnte und was es bedeutet, um etwas zu begreifen und einordnen zu können, ist der beste Weg, mit denen zu sprechen, die aus eigenem Erleben davon berichten können.

Für die Zeit des Nationalsozialismus wird das bald nicht mehr möglich sein. Die Generation, die die NS-Zeit und den Zweiten Weltkrieg noch selbst miterlebt hat, stirbt aus. Die Zeit zu reden wird knapp. Schon bald wird es keine unmittelbaren Zeitzeugen mehr geben. Zeitgeschichte wird dann zu Geschichte, über die wir uns nur noch aus Büchern, Dokumenten und Filmen informieren können.

Ich halte es für ungemein wichtig, dass wir den Dialog mit dieser Kriegsgeneration so lange und so ausdauernd führen, wie es irgend geht, und dass wir dabei so offen und so ehrlich miteinander sind wie möglich. Das ist ungleich schwerer, als es sich dahinsagt, weil es denen, die in das Grauen des Zweiten Weltkrieges involviert waren, so unendlich schwerfällt, darüber zu reden. Und weil es auch für die, die als Fragende an dem Dialog beteiligt sind, gar nicht so einfach ist, die Fragen zu stellen, die sie bewegen. Die emotionale Distanz ist nicht sehr groß, denn es sind ja immer noch die Väter und die Mütter, die sie befragen müssen, und nicht irgendwelche Fremden, zu denen man ein weniger enges und dadurch vielleicht objektiveres und emotionsfreieres Verhältnis hat.

Als ich während meiner Studentenzeit das Gespräch mit meinem Vater über seine Kriegserlebnisse begonnen hatte, ging es mir wie vielen Söhnen und Töchtern meiner Generation: Ich begann dort, wo der Boden für beide Seiten noch sicher war.

Der Krieg meines Vaters handelt von der Einberufung eines jungen Mannes in die Wehrmacht, von seinen Zweifeln und seinen Ängsten, ja, auch seinem Widerwillen gegen den Krieg bei der gleichzeitigen Logik einer gierigen und sich permanent selbst fütternden Kriegsmaschinerie, der er sich nicht entzieht oder entziehen kann.

Darüber konnte ich mit meinem Vater sprechen, über diese Zeit vor dem Krieg beziehungsweise an der Schwelle zum Krieg war er in der Lage zu reden. Über seine Zeit im Krieg selbst sprachen wir kaum. Das, was er dort erlebt hatte, blieb in unseren frühen Gesprächen ungesagt. Ein Reden darüber sollte erst viele Jahre später möglich sein, als ich den Film *Unsere Mütter, unsere Väter* vorbereitete.

Der Autor Stefan Kolditz und ich hatten während des Films *Dresden*, für den er das Drehbuch geschrieben hatte, begonnen, enger zusammenzuarbeiten. Diese Zusammenarbeit war für uns beide – so unterschiedlich wir sozialisiert waren, Stefan Kolditz in der DDR, ich im bundesrepublikanischen Westen – ein wichtiger Schritt der Annäherung an die Generation unserer Väter. Wir führten viele, sehr intensive Gespräche über unsere eigenen Familien, und nach dem Erfolg von *Dresden* hatten wir beide das Gefühl, dass wir uns nun auch an die unmittelbaren Kriegserlebnisse unserer Väter, die beide Soldaten gewesen waren, herantrauen konnten.

Für mich war das ein durchaus großer Schritt, denn auch wenn die Filme, die wir drehten, sich mit Zeitgeschichte beschäftigten und auch immer enger um das Thema NS-Zeit kreisten, hatten wir doch bisher vor allem von den Folgen des Krieges erzählt, wie in *Die Flucht*, oder, wie mit *Dresden*, vom Schrecken des Kriegsendes und dem Erleben des Unterganges des »Dritten Reiches«.

Mit *Unsere Mütter, unsere Väter* gruben wir tiefer. Uns interessierte, was mit denen passiert war, die als Soldaten gekämpft hatten. Wir wollten wissen, was der Krieg, was die ganze Naziideologie mit ihnen gemacht hatte, und wir wollten auch zeigen, was sie selbst während des Krieges getan und vor allem wie sie es getan hatten und was sie dazu gebracht hatte. Wir wollten darüber erzählen, wie ein Krieg Menschen verändert, und wir wollten versuchen zu verstehen, wie es dazu kommt, dass Menschen grauenhafte Dinge tun, die zu tun man selbst aus der Distanz eigentlich für völlig unmöglich hält. Uns schien die Zeit für einen solchen Film gekommen.

Es war eine der letzten Möglichkeiten, einen solchen Film noch zu Lebzeiten der Menschen zu machen, von deren Generation und ihren Taten und Traumen dieser Film erzählen sollte. Und für mich war es die letzte Gelegenheit, noch einmal mit meinem Vater über diese Zeit ins Gespräch zu kommen.

Es dauerte fast acht Jahre von der Idee zu *Unsere Mütter, unsere Väter* bis zu seiner Ausstrahlung. Ich habe in dieser Zeit sehr lange und so intensive Gespräche mit meinem Vater führen können wie nie zuvor. Er war zu diesem Zeitpunkt Mitte achtzig, und es schien, als würde sich erst in diesem hohen Alter etwas in ihm lösen, das ihn bisher – also über 60 Jahre lang – davon abgehalten hatte, mit anderen über das zu reden, was er im Krieg erlebt hatte. Unsere Gespräche waren ein langer Prozess, in dem es uns gelang, uns gegenseitig füreinander zu öffnen. Es war ein sehr emotionaler Weg. Für meinen Vater, der vieles von dem, was er erlebt und in seiner Erinnerung von sich abgekapselt hatte, noch einmal durchlebte. Und für mich selbst, der ich meinem Vater in dieser Zeit noch einmal sehr nahekam. Es war ein Annäherungsprozess, und es war auch eine Art gemeinsamer Trauerarbeit. Ich konnte ihn häufig umarmen, etwas, das in unserer Beziehung kaum vorgekommen war, und ich verstand ihn viel besser und darüber letztendlich auch mich selbst.

Denn auch mit uns, den nachfolgenden Generationen, den Kindern und auch noch den Enkeln dieser Kriegsgeneration, hat dieser Krieg, den wir nicht selbst miterlebt haben, etwas gemacht. Er hat uns geprägt, weil er unsere Eltern geprägt und verändert hat. Der Krieg gehört zu ihrer Identität. Und dadurch, vermittelt und an uns weitergegeben, auch zu unserer. Ob wir das nun wollen oder nicht.

Unsere Mütter, unsere Väter beginnt damit, dass fünf Jugendfreunde im Juni 1941, kurz vor dem deutschen Überfall auf die Sowjetunion, in einer Berliner Eckkneipe Abschied feiern. Wilhelm Winter, im Film gespielt von Volker Bruch, ist einundzwanzig Jahre alt und bereits seit 1939 Soldat, er war an den deutschen Angriffen auf Polen und Frankreich beteiligt. Inzwischen zum Leutnant befördert, ist er von der Berechtigung des bevorstehenden deutschen Feldzuges ebenso überzeugt wie vom schnellen Sieg gegen »den Russen«.

Sein drei Jahre jüngerer Bruder Friedhelm Winter, den Tom Schilling verkörpert, ist ein Schöngeist mit einem Faible für Arthur Rimbaud und Ernst Jünger. Er steht dem NS-Regime und seiner Kriegspolitik skeptisch gegenüber, man spürt seine Abneigung gegen den bevorstehenden Kriegseinsatz. Wilhelm »macht der Familie Ehre«, er ist darum der ganze Stolz seines

Vaters, eines gläubigen Nazis. Friedhelm dagegen ist das Muttersöhnchen, sein Vater verachtet ihn als Schwächling.

Die knapp zwanzigjährige Charlotte, gespielt von Miriam Stein, liebt Wilhelm – was sie ihm allerdings ebenso wenig gesteht, wie er ihr seine Gefühle offenbart. Sie hat soeben erfolgreich ihre Ausbildung zur Krankenschwester abgeschlossen und fiebert ihrem ersten Fronteinsatz entgegen. Die nationalsozialistische Indoktrination sitzt bei ihr erkennbar am tiefsten. Ständig spricht sie zu Beginn von ihrem Wunsch, »dem Führer zu dienen«, und von der Wichtigkeit ihres Beitrags zum Endsieg. Auch an der Front hagelt es am Anfang noch hauptsächlich Phrasen: »Wir repräsentieren hier die deutsche Frau!«, bekundet sie bei ihrer Ankunft im Lazarett.

Greta, dargestellt von Katharina Schüttler, ist die lebenslustige, kapriziöse Tochter des Gastwirtes und hat in dieser Fünferrunde das größte Ego: Sie träumt nicht nur von einer Karriere als Schlagerstar, sie ist auch felsenfest davon überzeugt, dass sie einmal die nächste Marlene Dietrich sein wird. Den Krieg betrachtet sie als eine Art Abenteuerausflug für ihre Freunde. Aber auch sie geht davon aus, dass der Russlandfeldzug bis Weihnachten vorbei sein wird. Ihr salopper Optimismus hat jedoch eher persönliche als politische Gründe – ihr Liebhaber wird auf keinen Fall eingezogen werden.

Denn Viktor, gespielt von Ludwig Trepte, der fünfte in dieser Runde von Freunden, die in anderen Zeiten vermutlich einfach eine ganz normale Runde Anfang-Zwanzigjähriger wäre, ist Jude. Sein Vater hatte seinen erfolgreichen Schneidereibetrieb nach der Reichspogromnacht 1938 schließen müssen. Der Sohn beschließt, auf eigene Faust über Frankreich in die USA zu emigrieren. Das Problem: Erstens braucht er dafür einen Reisepass, der zu diesem Zeitpunkt für jüdische Bürger praktisch kaum noch zu bekommen ist, und zweitens sind die Wartelisten der US-Botschaft für jüdische Emigranten inzwischen endlos lang; auch die Aussicht auf ein Visum liegt also in weiter Ferne.

Die fünf überspielen bei ihrem fröhlichen Abschiedsfest die reale Gefahr der bevorstehenden Zeit. Die beiden Brüder Wilhelm und Friedhelm werden am nächsten Tag gemeinsam in den Krieg ziehen. Sie sind derselben Einheit im Russlandfeldzug zugeordnet, während Charlotte sich freiwillig als Lazarettschwester für den Kriegsdienst gemeldet hat. Viktor hingegen sieht sich als Jude schon die ganze Zeit Repressionen und Verfolgung ausgesetzt. In diesem Moment sind sie aber vor allem eines: Freunde. Und fünf junge Menschen, die glauben, dass ihnen die Welt und auch die Zukunft gehört. Sie geben sich das Versprechen, sich in einem halben Jahr zu Weihnachten, wenn, wie sie alle fünf glauben, der Krieg zu Ende ist, wieder am selben Ort zu treffen. Ein Hoch auf die Freundschaft.

Am Ende des Films wird Wilhelm, vom Regime wie vom Krieg vollständig desillusioniert, knapp seiner Hinrichtung als Deserteur entkommen – und sich mit letzter Kraft ins bereits besetzte Berlin durchschlagen. Friedhelm, in dreieinhalb Jahren an der Ostfront vom sensiblen Skeptiker und Kriegsverweigerer zur resignierten Kampfmaschine mutiert, lässt sich bei seinem letzten Einsatz bewusst von sowjetischen Soldaten erschießen.

Charlotte, mit den Schrecken des Alltags im Frontlazarett überfordert, wird wie Wilhelm bei Kriegsende abgestumpft und desillusioniert nach Hause zurückkehren. Beider Liebe bleibt unerfüllt. Sie werden sich bei ihrem letzten Wiedersehen noch sprachloser gegenüberstehen als zu Beginn.

Greta wirft sich, zunächst um einen Pass für Viktor zu erschleichen, dann ausschließlich zur Beförderung ihrer Karriere dem hohen Nazi Dorn an den Hals. Der lässt sie, auch um die inzwischen lästige Geliebte loszuwerden, kurz vor Kriegsende wegen Defätismus und Volksverhetzung hinrichten.

4 Mit Bernd Eichinger, 2001

Berlinale Opening Night 2018, v.l.n.r.: Markus Brunnemann, (Geschäftsführer
 ᵁA Fiction/UFA Serial Drama), Stefan Kolditz (Drehbuchautor, u. a. *Unsere Mütter,
 usere Väter), Benjamin Benedict (Geschäftsführer UFA Fiction)

36 Mit Hannelore Elsner, Deutscher Filmpreis 2008

37 Mit dem Team von *Deutschland83* anlässlich einer Pressevorführung in New Yor
v.l.n.r.: Jonas Nay, Nico Hofmann, Sonja Gerhardt, Jörg Winger, Ludwig Trepte, Ulr
Leibfried, Anna Winger, Edward Berger, Henriette Lippold

Mit Jan Mojto

39 Mit Regisseur Roland Suso Richter am Set

40 Mit Veronica Ferres

Mit Maria Furtwängler bei der UFA RECEPTION 2016 in München

42 Filmfest München 2016: Joachim Kosack (Geschäftsführer UFA Fiction/UFA Serial Drama), Markus Brunnemann, (Geschäftsführer UFA Fiction/UFA Serial Drama) und Nico Hofmann

43 Mit Wolf Bauer (ehemaliger CEO UFA), Cecile Frot-Coutaz (CEO FremantleMedia Group)

Mit Iris Berben

45 Anniversary Night 2017 anlässlich »100 Jahre UFA«, v.l.n.r.: der Regierende
Bürgermeister von Berlin Michael Müller, Claudia Müller, Wolf Bauer (Produzent,
ehemaliger CEO UFA 1990–2017), Elke Büdenbender, Bundespräsident Frank-Walter
Steinmeier, Nico Hofmann

Viktor entkommt einem Transport nach Auschwitz und der Erschießung als vermeintlicher polnischer Partisan. Als er nach Berlin zurückkehrt, muss er erfahren, dass Greta und seine Eltern tot sind, die Wohnung der Familie nun anderen gehört. Die drei Überlebenden treffen noch einmal in der verwüsteten Gastwirtschaft zusammen. Ihre wortkarge Begegnung macht deutlich, dass die Jugendfreunde von einst sich nichts mehr zu sagen haben.

Die, die in diesem Film in den Krieg ziehen, sind, wenn sie ihn denn überleben, hinterher nicht mehr die, die sie vorher waren. Es ist unmöglich – das zeigt der Film sehr deutlich –, nach diesem Krieg wieder an das anzuknüpfen, was vorher gewesen ist. Entscheidend ist aber natürlich, was dazwischen passiert. *Unsere Mütter, unsere Väter* zeigt das sehr genau. Er zeigt dies vor allem an der Entwicklung der beiden Brüder, die sich im Film geradezu gegenläufig vollzieht.

Wilhelm, der Leutnant, beginnt im Verlauf des Krieges immer mehr zu zweifeln, bis er schließlich auf dem Höhepunkt einer Schlacht mitten im Kampfgetümmel den Kampfplatz einfach verlässt und sich in einem ausgebrannten Panzer neben einem sterbenden russischen Soldaten versteckt und dann, nachdem die Schlacht vorbei ist, nicht mehr zur Truppe zurückkehrt. Sein Bruder Friedhelm gibt seinen anfänglichen, pazifistisch geprägten Widerstand auf und wird immer mehr zum perfekten Soldaten, der nicht nachfragt, sondern einfach Befehle ausführt und tötet, wenn es – egal aus welchen Gründen – von ihm verlangt wird.

Doch beide entkommen dem Krieg und seiner Verrohung nicht. Denn man kann im Krieg vielleicht dem Feind, aber nicht dem Krieg selbst entkommen. Wilhelm, der Deserteur, wird gefangen genommen und einem Strafbataillon, in dem das Kämpfen und Töten weitergeht, zugeordnet. Er überlebt, doch wenn er vier Jahre nach dem Abschied in der Kneipe von Gretas Eltern dorthin zurückkehrt, geht er wie ein alter Mann. Von dem einstigen Wilhelm ist nichts mehr übrig. Und Friedhelm tötet, um nicht selbst getötet zu werden, er verrät, und er stumpft ab, bis er schließlich im Kugelhagel der russischen Soldaten stirbt. Der Krieg ist da eigentlich längst vorbei, die Deutschen haben verloren, jedes Kämpfen ist zu diesem Zeitpunkt bereits noch sinnloser geworden, als es ohnehin schon war.

Alle moralischen Kategorien sind schnell nichts mehr wert in diesem Krieg, das erleben alle fünf Freunde, mal als Täter, mal als Opfer. Im ersten Teil von *Unsere Mütter, unsere Väter* gibt es eine Szene, in der Wilhelm den Befehl erhält, einen russischen Politkommissar zu erschießen. Zunächst beruft er sich – als korrekter Offizier alter Schule – auf die Genfer Konvention: Der Russe sei Kriegsgefangener, seine Hinrichtung verstoße gegen das Völkerrecht. Die Sowjets hätten die Genfer Konvention ja gar nicht unterschrieben, entgegnet sein Vorgesetzter, zu diesem Zeitpunkt noch ein überzeugter Nazi. Außerdem sei das hier ein völlig anderer Krieg: Es gehe für das deutsche Volk um Sein oder Nichtsein. Zudem sei Wilhelm der »Kommissarbefehl« bekannt.

Schließlich gehorcht er – er geht mit dem Russen in den Wald und tötet ihn per Genickschuss. Er tut es zögerlich und mit erkennbarem innerem Widerwillen. Aber er tut es. Er tötet ihn. Und dem Zuschauer ist klar: Er würde es, obwohl er eindeutig kein verbohrter Nazi ist, wahrscheinlich auch wieder tun.

Mit dem Kommissarbefehl wurde während des Krieges seitens der NS-Führung angeordnet, dass alle festgenommenen Politoffiziere der Roten Armee noch im Frontbereich zu identifizieren und an Ort und Stelle zu exekutieren seien. Der Historiker Felix Römer hat 2007 in seiner viel beachteten Dissertation über den völkerrechtswidrigen Kommissarbefehl nachgewiesen, dass »die weit überwiegende Mehrheit der deutschen Frontverbände die Kommissarrichtlinien bereitwillig umgesetzt hat«. Mehr noch: »In beträchtlichen Teilen des Ostheeres« hätten sie »profunde Zustimmung« gefunden.

Was diese Verbrechen seitens der Wehrmacht noch schlimmer macht, ist Folgendes: Es gibt keinen einzigen dokumentierten Fall, in dem versucht worden wäre, die Befehlsausführung zu erzwingen. Wo Wehrmachtsangehörige sich weigerten, sowjetische Kommissare zu exekutieren, sind keinerlei kriegsgerichtliche Konsequenzen bekannt geworden. War »Befehlsverweigerung« für den Einzelnen in diesen Fällen gefahrlos möglich?

Nun weiß ich von meinem Vater, dass er als junger Soldat mit zunächst einfachem Mannschaftsdienstgrad selbst nie einen solchen Befehl erhalten hat. Ich weiß aber auch, dass er Ohrenzeuge solcher völkerrechtswidrigen Hinrichtungen wurde. Natürlich habe ich mich gefragt, wie er sich in einem solchen Fall verhalten hätte, hätte er selbst den Befehl zur Exekution bekommen. So wie ich mir diese Frage auch selbst gestellt habe. Was hätte ich getan? Mein Vater sagte mir in unseren langen Gesprächen, dass er schlicht nicht wisse, wie er damals gehandelt hätte. Und ich selbst?

Unsere Frage für diese Szene war: Was geht da in Wilhelm vor? Er ist in dieser Situation von der Richtigkeit des Krieges gegen die Sowjetunion noch fest überzeugt. Über dessen wahre Ziele – Landraub und Völkermord – macht er sich noch ebensolche Illusionen wie über dessen verbrecherische Methoden, auch und gerade aufseiten der Wehrmacht. Zugleich ist er moralisch und menschlich noch nicht völlig zerstört. Sein Gewissen sagt ihm, dass er da gerade ein Kriegsverbrechen begeht. In der beschriebenen Filmszene haben wir versucht, diesen inneren Konflikt zu zeigen und nachvollziehbar zu machen. Entschuldigt ist damit freilich gar nichts. Wilhelm macht sich schuldig.

Er hätte seiner inneren Stimme – die »Nein!« sagt – folgen können. Aber er tut es nicht. Aus Feigheit? Aus Opportunismus? Weil er Grausamkeit im Krieg für unvermeidlich hält? Der Zuschauer bekommt an dieser Stelle keine eindeutige Antwort.

Später, als Wilhelm noch einmal dagegen aufbegehrt, dass ein SS-Offizier vor seinen Augen ein jüdisches Mädchen erschießt, wird ihm der Vorgesetzte einen Satz mit auf den Weg geben, der gleichermaßen für alle Protagonisten von *Unsere Mütter, unsere Väter* gelten könnte: »Wir sollten uns von der Welt verabschieden, wie wir sie kennen.«

Unsere Mütter, unsere Väter ist in vielerlei Hinsicht kein Film über den Holocaust, über die Mordmaschinerie in den Ghettos und Vernichtungslagern. Dem heutigen Publikum, das *Holocaust* oder *Schindlers Liste*, das vielleicht auch Claude Lanzmanns *Shoah* gesehen hat, sind Bilder der grausamen Menschenvernichtung des NS-Regimes präsent. Wir deuten das Grauen von Auschwitz an, aber wir zeigen es nicht direkt. Es hätte den Rahmen unserer Geschichte nicht nur inhaltlich, sondern auch gedanklich und moralisch gesprengt.

Unsere Mütter, unsere Väter ist im Kern aber auch kein Film über die Ideologen, nicht über die Generation der Dreißig- bis Vierzigjährigen, die das NS-Regime aufbauten. Es ist ein Film über die Generation der frühen bis mittleren Jahrgänge der in den 1920er-Jahren Geborenen. Sie verbrachten ihre Kindheit noch in der Weimarer Republik, ihre Jugend – und damit auch ihre politische Sozialisation – erlebten sie jedoch komplett im Nationalsozialismus. Diese Generation hat den Nationalsozialismus nicht initialisiert. Aber sie hat ihn sehr wohl mitgetragen.

Stefan Kolditz hat *Unsere Mütter, unsere Väter* geschrieben. Der Film ist kein Dokumentarfilm, er ist Fiktion. Gleichwohl hat vieles von dem, was mein Vater erzählt hat, auf die eine oder andere Weise Eingang in diesen Film gefunden. Auch seine Geschichte ist in den Hauptfiguren des Films enthalten. Und nicht nur seine, sondern auch die des Vaters von Stefan Kolditz und von vielen anderen Zeitzeugen, mit denen wir in den Jahren der Vorbereitung gesprochen haben oder deren Geschichten wir während der langen Vorbereitungszeit recherchierten. Heike Hempel, die den Film als zuständige Redakteurin und damalige Leiterin der Hauptredaktion Fernsehfilm beim ZDF intensiv begleitet hat, hat in einer ungewöhnlich engen Zusammenarbeit ebenfalls wertvolle und von ihrer eigenen Familiengeschichte geprägte Impulse mit in die Entwicklung dieses Filmes, den ich gemeinsam mit Benjamin Benedict produziert habe, eingebracht.

Überhaupt war die ganze Entwicklung dieses Films von intensiven Gesprächen und Diskussionen über alle Generationen hinweg geprägt. Neben dem Autor Stefan Kolditz, Benjamin Benedict und mir als Produzenten, Heike Hempel vom ZDF und der Dramaturgin Carolin Haasis waren daran vor allem der Regisseur Philipp Kadelbach, der dem Film seine sehr eigene Bildsprache gegeben hat, und die sehr involvierten jungen Hauptdarsteller beteiligt.

Mein Vater war kein Nazi gewesen, aber er hatte wie Millionen andere junge Männer im Namen des Nationalsozialismus gekämpft und dabei auch getötet. Er war Teil einer unerbittlichen Kriegsmaschinerie gewesen, die Schreckliches anrichtete. Mein Vater war über Leichenberge gestiegen, hatte sich einmal auch zwischen toten russischen Soldaten versteckt und immer wieder erlebt, was es heißt, einen Menschen zu erschießen, um nicht selbst erschossen zu werden. Und gleichzeitig hatte er erlebt, wie das, wofür er durch seine Beteiligung an diesem Krieg selbst kämpfte, am Ende wertlos und sinnlos war. Ja, mehr noch: Es war menschenverachtend und verbrecherisch.

Wie sehr das Zulassen der eigenen Erinnerung für viele, die diese Zeit erlebten, auch die Konfrontation mit der eigenen, nicht wiedergutzumachenden Schuld bedeutet, habe ich im unmittelbaren Umfeld meiner Eltern erfahren. Es gibt in *Unsere Mütter, unsere Väter* eine Szene, in der Wilhelm von einem Vorgesetzten aufgefordert wird, ein Haus anzuzünden, das einsam auf freiem Feld und damit der deutschen Artillerie im Weg steht. Es ist ein Willkürbefehl, gegeben, um den zweifelnden Wilhelm zu disziplinieren. Wilhelm folgt diesem Befehl, doch das Haus, das er anzünden soll, ist bewohnt. Von zwei russischen Alten, die den deutschen Soldaten, der da plötzlich mit dem Benzinkanister in der Hand in ihrer Küche steht, auch noch mit großzügiger Geste zum Essen einladen.

Diese Szene hat ein reales Vorbild. Es gab im Bekanntenkreis meiner Mutter einen Mann, der diese Geschichte erlebt hat. Er hatte – Pionierleutnant wie mein Vater – den Befehl erhalten, mitten im russischen Winter das ukrainische Dorf Romaschki abzubrennen, das im Schussfeld der deutschen Artillerie stand. Er war ein Täter, denn er hat zusammen mit seiner Einheit dieses Dorf, in dem sie zuvor tagelang im Quartier gelegen hatten, tatsächlich angezündet. Er hat eines Tages bei uns im Haus diese Geschichte erzählt. Und er hat sich dabei so in Rage geredet, dass er anfing, furchtbar zu schwitzen. Irgendwann konnte er nicht mehr aufhören zu reden, gleichzeitig hielt er die Hitze, die er beim Erzählen erneut durchlebte, nicht aus und zog sich, während er redete, auf unserem Sofa bis aufs Unterhemd aus. Er war einem Herzinfarkt nahe.

Auch früher schon hatte er diese Geschichte, wenn auch weniger leidenschaftlich, immer und immer wieder erzählt. Er konnte nicht anders. Seine ganze Erinnerung, vielleicht sogar sein ganzes Leben hatte sich auf diese eine Szene seiner eigenen Schuld verengt. Nach dem Krieg hatte er für den Rest seines Lebens das Gefühl, er müsse etwas wiedergutmachen. Er wurde ein erfolgreicher Mannheimer Geschäftsmann, und Jahre und

Jahrzehnte hindurch verließen Hilfslieferungen mit Lebensmitteln, Bekleidung, Medikamenten und einmal sogar ein Traktor sein Lagerhaus in Richtung Ukraine. Er selbst reiste mehrfach in das kümmerlich wieder aufgebaute Dorf, das inzwischen in ihm ironischerweise beinahe so etwas wie einen Wohltäter sah. Dennoch blieb Romaschki das Trauma seines Lebens – eine nie verbüßte Schuld.

Mir ist es selten passiert, dass eine Pressekonferenz so von Emotionen geprägt war wie bei der Pressevorführung zu *Unsere Mütter, unsere Väter*. Es gab Journalisten, die den Tränen nahe waren, andere, die erzürnt und aufbrausend reagierten. Vermutlich hat der Film nichts gezeigt, was in sechzig Jahren Aufarbeitung der Kriegszeit an Wissen nicht bekannt gewesen wäre. Aber so deutlich, so komprimiert und so schonungslos hatte bisher kein Film im deutschen Fernsehen versucht zu zeigen, was es in all seiner komplexen Widersprüchlichkeit bedeutete, bei diesem Horror der Weltgeschichte dabei gewesen zu sein.

Unsere Mütter, unsere Väter ist sicher, auch wenn er ein Film über die Kriegsgeneration ist, der Film, der am deutlichsten von allen meinen Filmen unmittelbar von meiner eigenen Haltung geprägt ist. Dementsprechend wurde ich auch von der Kritik sehr persönlich angegangen. Georg Diez beispielsweise schäumte angesichts unseres Fernsehdreiteilers und warf mir auf *Spiegel*-Online in einer Kritik vor, aus den Tätern Opfer zu machen und aus den Opfern Täter.

Zwar erkannte er die Absicht an, mit dem Film eine Diskussion auslösen zu wollen – was nach dem Film auch in noch stärkerem Maße passierte als nach *Dresden* –, aber für ihn ging der ganze Film und damit auch die begonnene Diskussion in die falsche Richtung: »Es war also, und vielleicht kann das in diesem Land auch nie anders sein, ein volkspädagogisches Projekt. Deshalb ist so ein Film wie ›UMUV‹ auch nie einfach ein Film, den man sich anschaut oder nicht, den man mag, weil er wenigstens nicht so ein üblicher Nico-Hofmann-›Rommel‹-Schrott ist, oder den man nicht mag, weil die Figuren am Ende doch keine richtigen Figuren sind, sondern Belege für eine These: Wir wissen nicht, wie wir uns verhalten hätten, und deshalb sollten wir nicht urteilen.«

Natürlich traf mich diese Kritik persönlich sehr. Ich fand sie verfehlt, denn natürlich ging es uns nicht darum, ein Volk zu erziehen und gleichzeitig Verbrechen deutscher Soldaten auch nur ansatzweise zu verharmlosen. Aber es ging uns eben auch nicht um die einfache Sicht, sondern um die Frage danach, unter welchen Umständen Menschen zu hunderttausenden Verbrechen im Namen einer Ideologie zu begehen bereit sind.

Wie kontrovers die Diskussion nach dem Film geführt wurde, zeigt die Tatsache, dass an anderer prominenter Stelle eben genau die Debatte, die Diez so vehement verdammt hatte, in höchsten Tönen gelobt wurde. Der Mitherausgeber der *Frankfurter Allgemeinen Zeitung*, Frank Schirrmacher, der ein großes Gespür für Debatten hatte und genau wusste, wann der rechte Zeitpunkt war, sie zu führen, setzte sich sehr intensiv mit *Unsere Mütter, unsere Väter* auseinander und machte sich und seine Zeitung auch zu einem Motor der Debatte darüber. Sowohl im Feuilleton als auch auf einer eigens eingerichteten Homepage veröffentlichte die *FAZ* über Wochen sehr kontroverse Meinungen und Debattenbeiträge.

In einem Text über den Film selbst beschrieb Schirrmacher genau die Komplexität der Figuren, die zu zeigen unser Ziel gewesen war: »Als Zuschauer befindet man sich bei den drei Teilen dieses Films in einer ständigen Suchbewegung: Immer will man sein ›Vertrauen‹ an einer Figur festmachen, sich mit ihr identifizieren und – das Wort ist keinesfalls zu pathetisch – eine

Art von moralischer und sozialer Geborgenheit in einer intakten Persönlichkeit finden. Es ist genau das, was den Titel *Unsere Mütter, unsere Väter* so überaus plausibel macht: Die Ursehnsucht nach demjenigen oder derjenigen, die einen nicht im Stich lässt. Aber die Sehnsucht, die der Film am Anfang befördert, entzieht er mit jeder Minute.«

Auch Schirrmacher wurde persönlich, nicht zuletzt weil er erkannte, dass ich mit diesem Film klar auch die Auseinandersetzung mit meiner eigenen Familiengeschichte zur Disposition stellte. Schirrmacher sah darin geradezu eine »neue Phase der filmisch-historischen Aufarbeitung des Nationalsozialismus«. Er schrieb: »Nico Hofmann, den mancher gerne für unernst hält, weil er auch unernste Stoffe produziert, ist selbst der Protagonist dieser neuen Phase. Er, Jahrgang 1959, redet auch von seiner eigenen Mutter und seinem eigenen Vater, und man geht nicht zu weit, wenn man behauptet, dass er die siebenjährige Arbeit an diesem Film auch deshalb auf sich nahm, um mit seinen Eltern ein letztes Mal ins Gespräch zu kommen. Die Ernsthaftigkeit, die Detailtreue, die Kompromisslosigkeit, mit denen er es tat, sind bewundernswert und haben das Zeug dazu, die Seele des Landes anzurühren. Wer wäre man selbst in diesem Film gewesen? Wer wäre man geworden, wenn man 1941 zwanzig Jahre alt gewesen wäre? Das sind die zukunftsweisenden und am Ende unabweisbaren Fragen.«

Vor allem aber, und das freute mich sehr, sah er die Vielschichtigkeit des Films und seinen Versuch, eine Zeit zu befragen, um etwas zu verstehen, das in seiner Größe, seiner Monstrosität und in seinen weitreichenden Folgen eigentlich unverstehbar ist: »Unmöglich, alle Details dieses Films zu beschreiben. Selten zuvor beispielsweise hat man so sehr verstanden, wie die Indoktrinationsmaschine des Nationalsozialismus funktionierte.«

Und selten war ich mir so sicher mit dem, was ich tat, wie während der Produktion von *Unsere Mütter, unsere Väter*. Und gleichzeitig war ich mir auch der Ambivalenz allen menschlichen Handelns nie so unmittelbar bewusst wie in dieser Zeit.

Kapitel 15

Die Macht der Bilder

Filme erzählen nicht nur Geschichten in Bildern, sondern diese Bilder, mit denen die Geschichten erzählt werden, können auch Einfluss darauf nehmen, was wir denken. Oder denken sollen. Filme und ihre Bilder verändern vielleicht nicht immer die Welt, aber manchmal verändern sie das Bild, das wir von der Welt haben. Im Guten wie leider auch im Schlechten. Ich bin mir deshalb sehr bewusst, dass ich eine große Verantwortung für das habe, was ich mit meinen Filmen erzähle und was ich unter Umständen mit ihnen auslöse. Das galt für mich als Produzent und mehr noch in der jetzigen Position als Geschäftsführer der UFA, also eines Medienunternehmens, das jedes Jahr neben einigen Kinofilmen vor allem mehrere tausend Stunden Fernsehprogramm produziert. Und das gilt umso mehr, als gerade die Geschichte der UFA in der Vergangenheit unrühmlich gezeigt hat, auf welche Weise die Macht der Bilder auch missbraucht werden kann.

Die UFA war in der Phase ihrer Gründung – die sich 2017 zum hundertsten Mal gejährt hat – nicht nur die Kreativfabrik der großen Regisseure des frühen deutschen Kinos wie Fritz Lang, Friedrich Wilhelm Murnau oder Ernst Lubitsch. Sie stand nicht nur für die Avantgarde in der Filmkunst der Weimarer Republik, sondern sie war ab 1933 auch ein wichtiger Teil der

NS-Propagandamaschine von Joseph Goebbels. UFA-Filme aus dieser Zeit dienten dazu, die Deutschen auf die Ideologie und die Ziele des Nationalsozialismus einzuschwören. Das galt nicht nur für die Propagandafilme im strengen Sinne, sondern auch für die Unterhaltungsfilme, die die UFA in der Zeit des »Dritten Reiches« reihenweise produziert hat. Sie waren eine Form des Eskapismus in dunklen Zeiten, und letztendlich waren auch sie Propaganda: Sie sollten die Menschen bei Laune halten und schließlich zum Durchhalten bewegen.

Als Student in München – also lange bevor ich auch nur ahnen konnte, dass ich selbst einmal für die UFA arbeiten, geschweige denn ihr Chef sein würde – hatte ich in einem Seminar an der Filmhochschule bei Enno Patalas und Helmut Färber Gelegenheit, die Vorbehaltsfilme aus der Zeit des Nationalsozialismus zu studieren. Also alle die Filme, deren Inhalt rassistisch, kriegsverherrlichend oder volksverhetzend ist und die daher nicht frei verfügbar sind, sondern nur unter Vorbehalt und im Rahmen der Bedingungen der Murnau-Stiftung unter Einhaltung strenger Regeln zu Studienzwecken zugänglich gemacht werden.

Ich habe mich von *Hitlerjunge Quex* bis hin zu den Filmen Veit Harlans mit all diesen Machwerken beschäftigt. Im Laufe eines Jahres habe ich nahezu alle UFA-Propagandafilme gesehen und so aus eigener Ansicht einen Eindruck von ihrer perfiden Wirkungsweise bekommen. Es sind auf übelste Weise gut gemachte Filme, die immer noch verfangen. Selbst wenn man sie heute mit dem Wissen um ihren Hintergrund und mit der Haltung des aufgeklärten Demokraten anschaut, verfehlen sie ihre Wirkung nicht.

Bilder und Filme lassen sich also, das lehrt die Geschichte auch des Films, durchaus auf manipulative Weise missbrauchen. Gerade, wenn man sein Handwerk beherrscht. Ich bin mir dessen sehr bewusst, und die UFA hat deshalb 2017 nicht nur ihr hundertjähriges Jubiläum und ihre Erfolgsgeschichte groß gefeiert, sondern auch das dunkle Propaganda-Kapitel ihrer Geschichte intensiv und umfangreich aufgearbeitet.

Sich der eigenen Geschichte zu stellen, Lehren daraus zu ziehen und sich dadurch auch selbst für die eigene Verführbarkeit zu sensibilisieren, hat etwas mit Haltung zu tun. Es ist eine Form von Haltung, die um die Verantwortung für das eigene Handeln weiß. Eine solche Haltung auch zum Maßstab des Handelns zu machen, steht einem nicht nur als Privatperson oder als Person des öffentlichen Lebens gut an, es sollte sich auch in der Firmenkultur großer Unternehmen niederschlagen. Zumal wenn diese Unternehmen selber eine eigene Geschichte haben, die in verschiedene – ruhmreiche und weniger ruhmreiche – Dekaden deutscher Geschichte zurückreichen. Da reicht es nicht, sich beispielsweise »Traditionsunternehmen« zu nennen. Die Verantwortung, die mit dieser Tradition einhergeht, verpflichtet eben auch.

Es ist daher vielleicht kein Zufall, dass ich meine Verarbeitung von Zeitgeschichte im Film ausgerechnet bei der UFA so konsequent entwickelt habe. Für mich bilden diese Filme auch eine Art Kontrapunkt zu dem, was die UFA im »Dritten Reich« mit zu verantworten hatte. Sie sind, wenn man so will, die Umkehrung eines propagandistischen Blickes in einen offenen und aufklärerischen Blick. Wobei unsere Mittel nicht die der Didaktik, sondern die der emotionalen Erzählung sind.

Die UFA war und ist ein Unternehmen, das in großem Maße breite Unterhaltung produziert. Nicht immer geht es dabei um Zeitgeschichte oder Gesellschaftspolitik. Aber immer gibt es das Bewusstsein, dass das, was wir den Menschen anbieten, und die Bilder, die wir für sie produzieren, etwas mit ihnen und ihrem Leben macht. Immer haben wir eine klare Haltung zu dem, was wir zeigen. Wenn es dabei um Zeitgeschichte geht, entstehen diese Filme eben immer auch, weil ich der festen Überzeugung bin, dass es dabei nicht nur um reine Dokumentation geht, sondern auch um emotionale Verarbeitung von Geschichte. Ich will die Menschen, die meine Filme sehen, erreichen. Ich will sie in ihrem Bewusstsein treffen, und ich will sie emotionalisieren. Und das – auch ein Satz von Frank Schirrmacher – »nicht, um Geschichte im Film zu sehen, sondern sich selbst in Geschichte«.

Dass darin eine große Verantwortung liegt, aber gerade im Umgang mit der Zeit des Nationalsozialismus auch eine ebenso große Chance, darauf hat Bundespräsident Frank-Walter Steinmeier in seiner Rede anlässlich des Festaktes zum hundertjährigen Bestehen der UFA am 15. September 2017 in Berlin ausdrücklich Bezug genommen. Er sieht in den UFA-Filmen zur Zeitgeschichte eine »höchst respektable Art, sich der geschichtlichen Verantwortung, auch der Verantwortung für die Firmengeschichte der UFA, zu stellen«. Und er fährt fort: »Geschichte zum Sujet zu machen, ist publikumswirksam, es ist ein Erfolgsrezept. Und selbstverständlich liegt darin auch immer wieder ein Risiko. Ja, es gilt auch hier: Wer viele erreicht, kann vieles bewegen. Er kann Augen öffnen, wie es die amerikanische Fernsehserie *Holocaust* vorher getan hat, er kann Bilder etablieren und Begriffe. Aber er kann an dieser Verantwortung auch scheitern. Die Geschichte der UFA liefert Beweise für beides.«

Wie sensibel und bewusst man mit der Macht der Bilder umgehen muss, wird mir vor allem immer wieder beim Schneiden eines Films klar. Man kann eigentlich jeden Film durch den Schnitt auf der Basis desselben Rohmaterials komplett verändern. Und man kann ihm dabei natürlich auch inhaltlich ganz unterschiedliche, zum Teil konträre Richtungen geben. Gerade, wenn man mit Zeitgeschichte umgeht, die nicht auf reiner Fiktion beruht, bewegt man sich natürlich beim Erzählen immer auch im Bereich der Interpretation. Und wenn man emotional erzählt, so wie ich das in meinen Filmen tue, leitet man mit dem Schnitt natürlich auch die Emotion des Publikums und dessen Empfinden für eine Situation und damit auch deren Bewertung.

Als wir *Die Flucht* geschnitten haben, gab es in der Rohfassung eine Szene, in der ein russischer Soldat eine Flüchtlingsfrau vergewaltigte. Die Szene war brutal, vor allem aber war sie im Schnitt sehr lang. Sie dauerte, so wie sie geschnitten war, fast fünf Minuten. Mir war klar, dass die Szene, würde sie in dieser Länge im Film bleiben, eine extreme Stimmung gegen russische Soldaten erzeugen würde. Nun muss man nicht über eine moralische Bewertung von Vergewaltigungen durch Soldaten diskutieren. Sie sind wie jede Vergewaltigung ein Verbrechen. Aber es geht in dem Film um den Gesamtkontext von Flucht und Vertreibung, Nationalsozialismus und »Drittem Reich«. Wäre die Szene in dieser Form und in der Länge dringeblieben, hätte sich der ganze Duktus des Films verschoben. Die Länge, die Art, wie die Szene inszeniert war, und auch die Stelle, an der sie dramaturgisch in den Film eingefügt worden war, hätte den ganzen Film wirken lassen, als wäre er vor allem dazu gemacht, die russische Armee anzuklagen. Die Aussage des Films wäre in eine von mir überhaupt nicht beabsichtigte Richtung gekippt: Wir Deutschen sind die moralisch Einwandfreien, aber die Russen sind Tiere und haben unser ohnehin schon schlimmes Schicksal noch schlimmer gemacht. Diesem Eindruck hätte man sich emotional kaum entziehen können. Aber das war natürlich überhaupt nicht das, was wir erzählen wollten. Gleichzeitig war es richtig, die Vergewaltigung darzustellen. Es hatte sie gegeben, und sie war schlimm. Außerdem war die Szene mit dem Erleben und der Entwicklung der Hauptfigur verknüpft. Aber sie war nicht das emotionale und erzählerische Zentrum des Films, und sie durfte es auch nicht sein.

Es gibt in fast jedem Film solche Momente, in denen Genauigkeit unglaublich wichtig ist und in denen einem klar sein muss, dass es nicht nur darum geht, die größtmögliche Spannung oder die beste erzählerische Dynamik zu erzeugen, sondern dass es auch eine klare Haltung zu dem braucht, wovon man erzählt.

Auch bei *Unsere Mütter, unsere Väter* haben wir uns immer wieder diese Fragen gestellt: Was können wir zeigen? Wie lange und wie ausführlich müssen wir beispielsweise Szenen einer Schlacht zeigen, damit sie eindringlich sind und der Zuschauer vom Grauen des Kampfes und seiner unerbittlichen Brutalität auch emotional gefangen wird? Und ab welcher Länge schlägt die Szene, die eben noch eindrücklich war, in reinen Voyeurismus um und macht sie so nicht nur uninteressant, sondern auch inhaltlich fragwürdig? Wo bleiben wir realitätsnah und offen in der Bewertung, und wann entsteht durch Länge und Schnitt eine Aussage, die wir in ihrer Tendenz gar nicht beabsichtigen?

Natürlich verlassen wir uns bei zeithistorischen Filmen nicht nur auf unsere eigene Recherche und schon gar nicht auf unser Bauchgefühl. Gerade bei *Unsere Mütter, unsere Väter* haben wir zahlreiche historische und wissenschaftliche Berater im Team gehabt, mit denen wir immer wieder den historischen Wahrheitsgehalt unserer Erzählung überprüft haben: Wäre das, was wir zeigen, bei aller Fiktionalität historisch möglich gewesen?

Um unsere Geschichte erzählen zu können, greifen wir natürlich auf dramaturgische Wirkungsmechanismen zurück. So war es beispielsweise eher unüblich, dass Brüder in der Wehrmacht derselben Einheit zugeteilt wurden. Wir brauchten aber die Begegnung und das permanente Aufeinandertreffen von Wilhelm und Friedhelm in einer Einheit, um ihre Geschichte und ihre gegensätzliche Entwicklung parallel und gleichzeitig konzentriert erzählen zu können. Auch dass sich die Freunde immer wieder in dem Lazarett begegnen, in dem Charlotte Dienst tut, wäre in der Realität sicher eher unwahrscheinlich gewesen. Aber das sind erzählerische Eingriffe, die grundsätzliche historische Faktizität bleibt davon unberührt. Die zu erhalten, darauf achten wir immer sehr penibel, und genau dafür stimmen wir uns immer wieder mit Historikern ab.

Dennoch hat *Unsere Mütter, unsere Väter* eine Debatte um historische Kontextualisierung ausgelöst, wo ich sie bei aller Sorgfalt nicht erwartet hätte. In Polen hat die Darstellung des latenten und offenen Antisemitismus innerhalb einer Gruppe polnischer Partisanen im Film eine extreme Kontroverse ausgelöst. Man warf uns Einseitigkeit bei der Darstellung des polnischen Widerstands vor. Ein ehemaliger Widerstandskämpfer, ein Veteran der Polnischen Heimatarmee, hat gegen das ZDF und UFA Fiction geklagt, weil er durch die Darstellung von Antisemitismus innerhalb der Heimatarmee seine Persönlichkeitsrechte verletzt sah. Das Verfahren gegen uns ist heute, im Jahr 2018, nach wie vor anhängig. Es war überhaupt nicht unsere Absicht gewesen, das polnische Volk zu diskreditieren oder – ein Vorwurf, der immer wieder auftaucht – gar deutsche Schuld zu relativieren. Wir wollten zeigen, was Flucht für jüdische Mitbürger in dieser Zeit bedeutete. Dass sie eben nicht sicher waren, sobald sie Deutschland verlassen hatten. Der Feind der Deutschen war nicht automatisch ein Freund der Juden. Das hätte man auch mit Darstellungen in anderen Ländern, wie beispielsweise der Schweiz, zeigen können. Es ging um das Verstehen von Widersprüchen in menschlichem Handeln, denen wir durch unseren Film auf die Spur kommen wollten.

Wir haben unterschätzt, dass eine solche Debatte in Polen ganz anders geführt wird als in Deutschland. Wir haben uns mehrfach wissenschaftlich beraten lassen, und keiner der beteiligten Historiker hatte Einwände. Zudem wird zwar einerseits der Antisemitismus innerhalb der Widerstandsgruppe gezeigt, gleichzeitig ist es aber auch ihr Anführer, der die von der Gruppe geforderte Exekution eben nicht ausführt, sondern dem Juden Viktor mit dem Überlassen seiner Waffen letztendlich das Überleben auf seiner Flucht ermöglicht. Trotzdem hat die Szene in Polen in der öffentlichen Wahrnehmung etwas ganz anderes ausgelöst als von uns beabsichtigt. Nun gehen wir im Rahmen des Rechtsstreites – und ich gehe davon aus, dass er trotz der sich gerade verändernden politischen Umstände in Polen fair abläuft – auch dieser Debatte nicht aus dem Weg. Aber es ist eine Debatte, die nicht Ziel unseres Films war.

Es bleibt die Frage, welchen Einfluss unsere Filme insgesamt auf einen öffentlichen Diskurs haben. Der Journalist Giovanni di Lorenzo hat einmal in einem Gespräch mit mir die Ansicht vertreten, dass unsere Filme in ihrer Gesamtheit durchaus etwas im Geschichtsbild und auch in der nationalen Identität dieses Landes verändert hätten. Schon allein aufgrund ihrer großen Zuschauerzahlen.

Es stimmt, unsere Filme sind von Millionen Menschen gesehen worden. Wenn ich die Zuschauerzahlen zusammenzähle, die wir mit all unseren zeithistorischen Filmen erreicht haben, komme ich auf eine unglaubliche Zahl von weit über hundert Millionen, und mir wird schwindlig, wenn ich darüber nachdenke, dass wir vielleicht all diese Menschen in ihren Sehgewohnheiten und auch in ihrem Denken beeinflusst haben.

Aber am Ende sind es auch nur Filme. Filme, die sich aus lauter Mosaiksteinen der Erinnerung und der Auseinandersetzung mit Geschichte zusammensetzen. Und die wiederum selbst Mosaiksteine in der Gesamtdebatte über ebendiese Geschichte sind. Einer Geschichte, die immer von Individuen erlebt und auch verarbeitet wird. Diese Verarbeitung ist ein Prozess, der nicht abgeschlossen ist und der sich auch mit jeder Generation weiter fortsetzen wird. Deshalb ist es so wichtig, dass wir im Gespräch bleiben, dass diese Filme dann eben doch nicht nur Filme, sondern auch Auslöser von Debatten sind, die mindestens so wichtig sind wie der jeweilige Film selbst. Denn nur, wenn wir miteinander reden, kommen wir einander und uns selbst näher, und nur so kommen wir weiter mit dem, was wir tun.

In diesem Sinne sehe ich durchaus, dass wir gelernt haben, souveräner mit unserer Geschichte umzugehen, weil wir gelernt haben, die Dinge näher an uns heranzulassen. Dazu gehört auch, dass wir die Erinnerung an Schuld in der Debatte zulassen. Und dass wir die Bilder und die, die von dieser Schuld erzählen, aushalten. Sie sind kein Denkmal der Schande. Sondern die Erinnerung an einen Teil von uns selbst, der uns eine Lehre sein sollte.

Kapitel 16

Mehr Haltung, bitte!

Wer eine Debatte herausfordert, muss sie auch aushalten, wenn sie geführt wird. Ich habe mit meinen Filmen viele Debatten angestoßen. Immer wieder habe ich sie sehr bewusst provoziert, und in der Regel habe ich dabei versucht, sie nicht nur mit meinen Filmen, sondern mit allem, was ich an publizistischer Unterstützung und Begleitung gewinnen konnte, möglichst groß und breitenwirksam in Gang zu setzen und durchaus auch zu befeuern. Sie waren und sind für mich Teil meines Verständnisses eines künstlerischen Prozesses. Ich habe mich in diesen Debatten mitsamt meinen eigenen Fragen und meiner persönlichen Familiengeschichte gerne und offensiv zur Verfügung gestellt, und ich habe die Diskussionen über meine Filme und die Themen, die in ihnen verhandelt werden, so oft ich konnte mit der gleichen Leidenschaft geführt, mit der ich Filme produziere. Ich bin dabei oft auch persönlich angegangen worden. Das ist manchmal hart gewesen, und ich glaube, ich könnte bis heute einzelne Kritiken, die ich als besonders unfair empfunden habe, bis in die letzte Zeile auswendig zitieren.

Manchmal wäre es leichter gewesen, einfach einen guten Film zu machen, der möglichst viele Zuschauer erreicht, sich darüber zu freuen, dass einem etwas gelungen ist, was viele Menschen gerne sehen, und es dabei bewenden zu lassen. Oft genug gibt es ja Filme, bei denen genau das auch vollkommen in Ordnung ist. Und ich selbst gehöre ganz sicher zu den Ersten, die sich darüber freuen, wenn ein Film oder ein Fernsehprogramm eine hohe Einschaltquote hat. Die Firma, für die ich verantwortlich bin, lebt davon. Und das als deutscher Marktführer im Bereich der Fernsehunterhaltung zum Glück auch sehr gut.

Dort jedoch, wo ich die Debatte gesucht habe und immer noch suche, geschieht das nicht aus kaufmännischem Kalkül, etwa um einen Film zu promoten und ihm eine größere Aufmerksamkeit zu verschaffen, sondern weil ich der festen Überzeugung bin, dass es notwendig ist, diese Debatten zu führen. Und fast immer, wenn ich selbst in die Debatte hineingegangen bin, habe ich es nicht zuletzt auch deshalb getan, weil ich mich von den Themen, um die es ging, persönlich betroffen fühlte. Sie haben mich umgetrieben: unsere Geschichte, die Geschichte meiner Familie und auch die Zeit des Nationalsozialismus als Bezugspunkt für vieles, was nicht nur mein Leben geprägt hat und immer noch prägt.

Was die Fragen nach meiner Familienhistorie angeht, so habe ich diese Auseinandersetzung heute weitgehend abgeschlossen. Mein Vater ist inzwischen über neunzig Jahre alt, und ich empfinde es als großes Glück, dass mir genug Zeit geblieben ist, zum Ende seines Lebens mit ihm ins Gespräch zu kommen, und dass es möglich war, dabei noch all die Fragen zu stellen, die mich beschäftigten. Und meine Mutter hat ohnehin schon lange von sich aus begonnen, die Auseinandersetzung mit ihrer eigenen Lebensgeschichte sehr intensiv zu führen. Ich bin also heute mit der Geschichte meiner Familie und auch mit meiner Rolle darin sehr im Reinen.

Meine Auseinandersetzung mit Zeitgeschichte, mit deutscher Geschichte und damit verbunden auch das öffentliche Nachdenken über den Zustand unserer Gesellschaft werden jedoch weitergehen. Ich halte es für dringend notwendig, dass wir nicht aufhören, uns darüber bewusst zu werden, mit welcher Vorgeschichte und auf welcher geschichtlichen Basis die Gesellschaft, in der wir leben und die wir täglich weiter gestalten müssen, aufgebaut ist. Und mehr noch: Ich halte es geradezu für eine Verpflichtung, dass wir die Deutung dieser Geschichte – auch und besonders, was die Zeit des Nationalsozialismus angeht – dabei nicht den Populisten überlassen.

Wenn Gruppierungen wie die AfD anfangen, Bereiche unserer Geschichte nach ihrem Belieben wieder nationalistisch zu belegen und mit einem Gedankengut zu unterfüttern, das es in leidvoller Weise schon einmal gab, dann müssen Menschen wie ich, die sich mit demselben Themenspektrum beschäftigen und die über einen hohen Grad an öffentlicher Aufmerksamkeit verfügen, auch öffentlich Position beziehen. Nicht nur, weil ich die Ansichten der AfD ablehne, sondern auch, weil ich Aussagen, wie wir sie von jemandem wie Björn Höcke, Alexander Gauland und anderen rechten Populisten und Scharfmachern hören, für brandgefährlich halte.

Sie bedienen genau die Mechanismen der Menschenverachtung und der Ausgrenzung, die schon einmal zu Faschismus und Verfolgung geführt haben, und schüren genau die nationalistischen Ressentiments, die Europa und die Welt schon einmal ins Unglück gestürzt haben. Ein Unglück und ein Verderben, das von Deutschland ausging. Wir dürfen das nicht vergessen. Man muss das so deutlich sagen, und wenn es nicht so pädagogisch und ein bisschen abgeschmackt klingen würde, müsste man hinzufügen: Es scheint, als hätten die, die diesen rechten Brandstiftern folgen, aus der Geschichte nichts gelernt.

Die demokratische Verfasstheit unserer Gesellschaft ist eigentlich stark genug, um sich solchen rechtspopulistischen Strömungen entgegenzustellen und ihre Programmatik und auch ihre Rhetorik als das zu entlarven, was sie sind: ein Spiel mit Ängsten und Vorurteilen und der Versuch, mit kalkulierten Tabubrüchen und nationalistischen Heilsversprechen vorzugaukeln, man heize den scheinbar volksvergessenen Mächtigen und Eliten mal so richtig ein, um damit denen, die sich nicht mehr gehört fühlen, endlich wieder zu ihrem Recht zu verhelfen. Während die rechtspopulistische Botschaft dabei doch im Kern hohl, revanchistisch und ausländerfeindlich ist und ohne jede wirkliche Vorstellung davon, wie sich eine moderne Gesellschaft in einer globalen Welt zukunftsfähig aufstellen kann.

Doch obwohl sich Politiker der AfD und anderer rechter Gruppierungen dabei in ihrer Rhetorik bisweilen am Rande der Volksverhetzung bewegen, wirken die öffentlichen und politischen Reaktionen auf die Ideologie der neuen Rechten bisweilen seltsam hilflos. Unsere demokratische Gesellschaft hat anscheinend noch kein Rezept im Umgang mit dem Rechtspopulismus gefunden. Sie wirkt angesichts der Unverfrorenheit und der provozierenden Regelbrüche der Populisten nicht kämpferisch, sondern wie gelähmt. Es scheint, als wäre uns die Fähigkeit verloren gegangen, kontrovers zu diskutieren. Dabei brauchen wir die Fähigkeit zur Debatte dringender denn je. Und wir brauchen den Mut zur Kontroverse.

Doch statt nach der Kontroverse wird derzeit allerorten nach dem Konsens gesucht. Nicht nach dem großen gesellschaftlichen Konsens, der alle Spaltung überwindet. Den zu erreichen, wäre ja eine schöne Utopie. Eine Utopie, die, wenn überhaupt, ebenfalls nur über eine kontrovers geführte Debatte erlangt werden könnte. Denn eine bewusst herbeigeführte Kontroverse verspricht Erkenntnisgewinn.

Nein, gesucht wird der kleine Konsens. Die Bestätigung der eigenen kleinen Klientel, das Rechthaben in der eigenen Blase. Und das führt natürlich nicht zu einer wirklichen Auseinandersetzung über gesellschaftliche Themen, sondern nur zur ewigen Reproduktion der eigenen Meinung und damit zu Stagnation. Und letztendlich genauso zu Abschottung und auch Ausgrenzung wie die Rhetorik des Populismus. Denn eine solche Art von Konsens schließt eine andere Meinung von vornherein aus, weil sie diese gar nicht erst ernsthaft zur Kenntnis nehmen muss.

Jemand wie der verstorbene Mitherausgeber der *Frankfurter Allgemeinen Zeitung*, Frank Schirrmacher, hat das gewusst. Er hat mit seiner Zeitung nicht nur mit untrüglichem Gespür immer wieder zu einem Zeitpunkt Themen gesetzt, an dem vielen anderen noch gar nicht bewusst war, dass in diesen Themen eine relevante gesellschaftliche Debatte steckte. Er hat diese Themen mit seinen publizistischen Mitteln auch immer kontrovers diskutiert und in der *FAZ* nicht nur seine Meinung, sondern in Rede und Gegenrede der publizistischen Beiträge eine Meinungsvielfalt mit scharfem Profil abgebildet. Und immer ist er dabei selber mit seiner klaren Meinung und mit scharfem Schwert, aber offenem Visier in die Debatte hineingegangen. Er hat sie gesucht, und er hat sie lustvoll geführt. Mir war er, obwohl wir bei Weitem nicht immer einer Meinung waren, dabei ein wichtiger Begleiter meiner Arbeit. Nicht nur, weil er klug und analytisch brillant war, sondern weil er jemand war, der genau hinsah, der die Auseinandersetzung suchte und dabei aber auch neugierig auf die Meinung der anderen war. Er war jemand, der Haltung gezeigt hat. Und der mit seiner Haltung Themen gesetzt und damit auch besetzt hat.

Politik, aber auch unsere Zivilgesellschaft verpassen es derzeit permanent, Themen zu setzen und darüber so zu diskutieren, dass eine wirkliche Auseinandersetzung entsteht. Das Gefährliche daran: Mit jedem verpassten Thema entsteht eine neue Leerstelle in der öffentlichen Diskussion, die von den Populisten gefüllt und definiert wird. Nicht unbedingt durch Inhalt, aber durch eine Inhalte vorgaukelnde Kampfrhetorik. Ja, mehr noch: Populismus nährt sich von diesen Leerstellen. Er wird dort stärker, wo in der Gesellschaft die Fähigkeit zur echten Kontroverse schwächer wird. Und das gilt vor allem immer dort, wo wir für die Verständigung darüber, wie wir unsere Gesellschaft in Zukunft gestalten wollen, eine tatsächliche Auseinandersetzung und Diskussion schon deshalb brauchen, weil es auf die Fragen, mit denen wir in der modernen Welt konfrontiert werden, eben keine einfachen Antworten gibt.

Die Zukunft kommt von allein. Aber wir müssen sie gestalten. Es geht in den anstehenden Debatten also nicht nur um die Interpretation von Geschichte und von Gesellschaft, es geht um nicht weniger als um die Frage, wie wir miteinander leben wollen.

Ich habe es im Jahr 2015 für unbedingt richtig gehalten, dass die Bundesregierung unter Angela Merkel die Grenzen für Menschen, die in unserem Land Zuflucht gesucht haben, nicht geschlossen hat. Und ich halte es heute immer noch für richtig. Es war und ist nicht nur ein Gebot der Humanität, sondern auch eine Verpflichtung, die sich aus unserer eigenen Geschichte von Verfolgung, Vertreibung und Flucht ergibt – und ganz nebenbei übrigens auch aus dem Wohlstand des Landes, in dem wir heute leben. Aber genauso halte ich es für ein großes und kaum wiedergutzumachendes Versäumnis, dass die Politik es nicht geschafft hat, gleichzeitig eine Debatte zuzulassen, in der es darum geht, welche Auswirkungen der Zuzug vieler Menschen in unser Land hat. Es wurde kaum darüber diskutiert, ob und wie sich Gesellschaft durch Migration verändert oder verändern muss, oder welche Herausforderungen damit einhergehen und welche Chancen darin liegen, sondern vor allem darüber, ob und wie man den Flüchtlingsstrom begrenzen könne oder müsse. Nicht Veränderung oder Gestaltung wurde zum Stichwort der Stunde, sondern Obergrenze. Und auch heute sind wir dabei, über Grenzen der Zuwanderung zu streiten, aber der Debatte über die wirklichen Hintergründe dieser Zuwanderung – der Globalisierung und der Polarisierung der Welt in Arm und Reich – weichen wir aus, wohl wissend, dass uns dieses Lebensthema nicht mehr loslassen wird.

Diese Debatten wurden verpasst, und die Folgen dieser nicht geführten Debatten sind im gesellschaftlichen und politischen Klima unseres Landes spürbar. Die Geschichte zeigt, dass immer dann, wenn wir die Chance auf eine solche Diskussion verstreichen lassen und der Kontroverse ausweichen, die Dinge sich zum Schlechten entwickeln. Überall dort, wo die Kontroverse nicht geführt wird, verliert die Gesellschaft, verlieren wir, denn oft tritt sogar genau das ein, was wir mit einer nicht geführten Diskussion verhindern wollten.

Dort, wo die Kontroverse hätte produktiv sein können und stattdessen geschwiegen oder Konsenspolitik gemacht wurde, ist am Ende immer der schlimmste Fall eingetreten. Nicht nur in Deutschland, sondern überall in Europa: In England wird eine ganze Generation um ihre Zukunft betrogen, weil eine Debatte über Europa nicht geführt worden ist. Kaum jemand hätte den Brexit tatsächlich für möglich gehalten, aber er wurde beschlossen. Nicht obwohl, sondern gerade weil seine Bedeutung und seine Auswirkungen zuvor nicht diskutiert worden sind. Man hat die Definition von Europa komplett der Stimmungsmache der Populisten überlassen. Und als diejenigen, die die Diskussion hätten führen müssen, aufwachten, fanden sie sich in einem Europa wieder, das in Zukunft ohne sie stattfinden wird.

In Frankreich haben sich die etablierten Parteien so lange mit sich selbst beschäftigt statt mit den Herausforderungen des Landes, das zu gestalten sie angetreten sind, bis sie sich komplett selbst marginalisiert haben. Wäre nicht Emmanuel

Macron gekommen, der wieder die Debatte in die Politik eingeführt hat, hätte Frankreich heute eine rechtsextreme Präsidentin. Es wäre vermutlich das Ende eines offenen und freiheitlichen Europa gewesen, wie wir es kennen.

Dass wieder mehr und kontrovers diskutiert werden muss, das würde vermutlich auch die AfD unterschreiben. Aber die Kontroverse, die ich meine, ist nicht die gegenseitige Verunglimpfung auf der Basis von Halbwahrheiten und Hasskommentaren. Die Kontroverse, die ich suche, ist die Einladung zu einer echten und offenen und auch fair geführten Auseinandersetzung. Und die ist nicht zu verwechseln mit dem Hang zur aufgeregten Empörung, wie er der Rhetorik der Rechtspopulisten zu eigen ist.

Die Psychoanalytikerin und Publizistin Julia Kristeva hat diese Empörung vor einigen Jahren, am 5. Mai 2013, in einem Interview mit *FAZ*.NET einmal so definiert – und das interessanterweise in Bezug auf die Suche nach einer europäischen Identität: »Empörung ist romantisch, eine von Abwehr und Zorn geprägte und jugendlich-unreife Reaktion, die keine glaubwürdige Alternative benennt, weil sie keinerlei Interaktion mit dem anderen vorsieht. Sie denkt nicht an den anderen. Es ist eine Haltung, die zu Dogmatismus verleitet; sie ist ihrem Wesen nach totalitär und todbringend. Die Empörung ist eine europäische Sünde, ein negativer Narzissmus.«

Das Gegenteil dieser Art von Empörung ist das Sich-Einlassen auf den anderen bei einem gleichzeitigen Bewusstsein der eigenen Position. Und das ist die zwingende Voraussetzung für jede Art von ernst zu nehmender Auseinandersetzung. Diese Auseinandersetzung hat ungeheuer viel mit Haltung zu tun. Eine Meinung zu haben und sie auch zu äußern, erfordert gar nicht so viel Mut. Aber eine Haltung hinter dieser Meinung definieren zu können, erfordert Übung in der Auseinandersetzung. Und dafür braucht es nicht nur Standfestigkeit in der Diskussion, sondern vor allem Offenheit und Neugier. Denn Haltung heißt auch: Ich lasse mich in meinem Leben auf einen grundlegenden, dauernden Fluss von Kontroversen, von Diversität, von Öffnung, von Dialog ein, auf einen offenen und lebendigen Austausch. Darum geht es.

Haltung ist nichts, was man einmal festlegt und dann für den Rest seines Lebens als Wahrheit mit sich herumträgt. Haltung ist etwas, das man immer wieder neu überprüft und immer wieder neu erwirbt. Haltung zu entwickeln, ist ein Lernprozess, kein Aneignungsvorgang. Sie entsteht nicht aus der Eindeutigkeit heraus, sondern aus dem lebendigen Diskurs der Widersprüche. Haltung ist die Bereitschaft, sich von einem definierten Standpunkt aus einzulassen: auf ein Gegenüber, auf Veränderung, auf die Welt – auf das Leben. Und auf alles, was in einer modernen Welt damit einhergeht. Dazu gehört, den eigenen Standpunkt immer wieder neu zu überprüfen, zu verändern und gegebenenfalls neu zu definieren.

Haltung ist deshalb immer auch verbunden mit der Frage nach Identität. Also mit dem, was einen selbst ausmacht und mit allem, was man selbst dabei an sich heranlässt. Letztendlich ist Identität die Summe aller unserer Erfahrungen und unserer eigenen Geschichte sowie des eigenen Umgangs damit. Auch das ist ein Prozess, der Auseinandersetzung, der Reibung braucht und der Begegnung erfordert. Mit anderen und mit mir selbst.

Wer glaubt, Identität sei durch Abschottung oder Ausgrenzung zu erreichen, der irrt gewaltig. Das gilt für persönliche Identität genauso wie für nationale Identitäten. Abschottung und Ausgrenzung, verbunden mit Nationalismus, führen nicht zu Identitätsgewinn, sondern ins Unglück. Wenn unsere Geschichte etwas gezeigt hat, dann das. Und das, was wir in unserer Geschichte leidvoll erfahren mussten, gilt erst recht für das Leben in der modernen, durch die Globalisierung unauflösbar miteinander verzahnten Welt. Abschottung und Rückzug in die kleine nationale Einheit sind nicht nur sinnlos, sie sind auf Dauer auch unmöglich geworden.

Die Globalisierung ist dabei zum entscheidenden Gradmesser für gesellschaftliche Zusammenhänge geworden. Schaut man auf unsere Gesellschaft, so findet man dort, vereinfacht gesagt, zwei extreme Gruppen: die, die mit Veränderungen umgehen, die sich als Teil einer kosmopolitisch geprägten Welt sehen und die durch den offensiven Umgang mit der Globalisierung einen wichtigen Teil ihrer Identität definieren Und auf der anderen Seite die, denen genau diese Globalisierung Angst macht, die darin eine Bedrohung ihrer Identität sehen und die in ihrer Angst sogar den Totalverlust ihrer Identität fürchten.

Sie sind diejenigen, die für die Scheinangebote der Rechtspopulisten empfänglich sind. Denn diese versprechen ja letztendlich nichts anderes als Identität, aber eine Identität, die eben nicht komplex ist, sondern die sich auf einzelne, eingängige Slogans reduzieren lässt und die deshalb eine Scheinidentität bleibt. Diese Slogans, die die Debatte ersetzen, verfangen.

Auch »Make America great again« ist ein solcher Slogan. Er ist klar und eingängig, und er gaukelt genau die Möglichkeit des Isolationismus und der klaren Abgrenzung vor, die es in Wahrheit nicht mehr gibt. Und er hat auch deshalb einen Mann wie Donald Trump zum Präsidenten des mächtigsten Landes der Welt machen können, weil seine Gegner ihn nicht ernst genommen haben. Wohl kaum jemand war so in der eigenen Konsensblase gefangen und dabei so taub für die Stimmung im eigenen Land und so blind für die Herausforderungen der Gesellschaft wie Hillary Clinton und ihr Team im Wahlkampf gegen Donald Trump.

Und wieder hat eine Debatte, die nicht geführt wurde – nämlich die über die Spaltung der amerikanischen Gesellschaft –, zum schlimmstmöglichen Ergebnis geführt, das noch am Wahltag eigentlich niemand für möglich gehalten hätte.

Wir brauchen also die Debatte, wir brauchen die Kontroverse. Nicht nur über unsere Geschichte, sondern auch über unsere Zukunft. Dabei müssen wir uns darüber klar sein, wo wir herkommen. Wir brauchen das Bewusstsein für unsere eigene Historie. Sie ist die Basis unserer Erfahrungen. Im Guten wie im Schlechten. Wir müssen aus ihr lernen. Aber wir müssen uns auch darüber im Klaren sein, dass wir die Geschichte nicht zurückdrehen können. Es macht keinen Sinn, von einer Welt zu träumen, die es nicht mehr gibt, und dabei zu verpassen, die Welt zu gestalten, die vor uns liegt.

Wir müssen zur Kenntnis nehmen, dass die Welt sich permanent verändert und dass diese Veränderung nicht per se schlecht ist. Nehmen wir die Digitalisierung, die eine der größten Veränderungen unserer Welt ist, die wir gerade erleben und die ebenfalls kaum debattiert wird. Sie macht vielen Menschen Angst, auch weil sie gar nicht wissen, wie sie funktioniert und was sie für sie eigentlich genau bedeutet. Für viele ist sie gleichzusetzen mit Kontrollverlust und mit Arbeitsplatzabbau. Aber wir können sie nur kontrollieren, wenn wir sie verstehen. Und dafür müssen wir darüber reden und über mögliche Auswirkungen offen diskutieren. Im Augenblick schafft sie mehr Arbeitsplätze als sie vernichtet.

Auch die Fragen der Migrationsbewegungen werden wir nicht ignorieren können. Wir müssen uns der Tatsache stellen, dass die Welt in Bewegung ist, dass Menschen auf dieser Welt in Bewegung sind, aus Gründen, die auch wir mit zu verantworten haben, und dass sich dadurch unsere Gesellschaft verändert.

Die Welt, in der wir leben, ist heute in jeder Hinsicht von Diversität geprägt. Sie ist bunt und vielfältig, sie ist offen und durchlässig. Das ist gut so, und wir kommen nicht daran vorbei, das als gegeben zur Kenntnis zu nehmen. Dennoch bildet sich diese Vielfalt in vielen Bereichen unseres gesellschaftlichen Lebens noch längst nicht so ab, wie es notwendig wäre. Dafür zu sorgen, dass sich das ändert und dass wir unsere Gesellschaft auch so gestalten, dass sie ihrer eigenen Zusammensetzung gerecht wird, liegt im Verantwortungsbereich jedes Einzelnen von uns – je nach seinen Möglichkeiten. Mir ist bewusst, dass ich selbst dabei nicht nur als Privatperson gefordert bin, sondern dass mir durch meinen Beruf und meine Position eine besondere Verantwortung zukommt. Auch in der UFA, in der rund siebenhundert Mitarbeiter fest angestellt arbeiten und in der durch die einzelnen Filmdrehs und Teams jährlich noch einmal einige tausend Menschen dazukommen, aber auch in unserer gesamten Branche bildet sich diese Diversität noch nicht so ab, wie es der Gesellschaft, in der wir leben, entsprechen würde.

In unserem Metier müssen wir uns nicht nur immer fragen, *wer* die Geschichten erzählt, die wir in unseren Programmen zeigen, sondern auch, *welche* Geschichten wir dadurch erzählen und erzählen können. So herrscht in der Filmbranche beispielsweise nach wie vor ein großes Ungleichgewicht im Verhältnis von Männern und Frauen. Das drückt sich in der Zusammensetzung der Teams und auch in einer fehlenden Parität in den Unternehmensleitungen von Filmproduktionsfirmen aus. Beide sind männlich dominiert, noch immer sitzen vorwiegend Männer in den Positionen, in denen die Entscheidungen getroffen werden. Es drückt sich aber auch in dem aus, *was* in den Filmen und Fernsehproduktionen erzählt wird, *wie* es erzählt wird und *von wem*. Denn auch bei den Inhalten dominieren die männlichen Perspektiven.

Eine von der Schauspielerin Maria Furtwängler initiierte Studie über Geschlechterdarstellung in Film und Fernsehen in Deutschland, die 2017 vom Institut für Medienforschung der Universität Rostock durchgeführt wurde, hat eindrücklich aufgezeigt, dass die überwiegende Zahl der Protagonisten in deutschen Fernsehproduktionen Männer sind. Über alle Fernsehprogramme hinweg kommen demnach auf eine Frau zwei Männer. Ein Drittel kommt sogar ganz ohne weibliche Protagonistinnen aus. Zum Vergleich: In nur 15 Prozent der Programme fehlen männliche Protagonisten völlig. Eine Ausnahme bilden dabei interessanterweise nur die Telenovelas und Daily Soaps. Hier ist die Geschlechterverteilung repräsentativ für die tatsächliche Geschlechterparität in Deutschland. Es sind folgerichtig vorwiegend die Geschichten der Männer, die erzählt werden, und es sind ihre Perspektiven, aus denen sie erzählt werden. Dabei geht es eben nicht nur um die Frage nach Gleichberechtigung innerhalb des Produktionsprozesses und seiner Bedingungen, sondern vor allem darum, auf welche Weise bestimmte gesellschaftliche Narrative und Stereotypen manifestiert werden und wie sie sich immer weiter fortschreiben. Allzu leicht entsteht eine Spirale sich fortlaufend selbst reproduzierender Männer- und Frauenbilder und der dazugehörigen Erzählungen, die einer gesellschaftlichen Realität längst nicht mehr entsprechen. Oder umgekehrt: Gerade durch ihre permanente Wiederholung beeinflussen diese Bilder und Narrative unterbewusst gesellschaftliche Realität viel stärker, als uns klar ist und lieb sein kann.

Auch die zu Recht heftig geführte Debatte um Sexismus und an die Öffentlichkeit kommenden Fälle und Mechanismen sexueller Gewalt, die derzeit nicht nur die Filmbranche in Aufregung versetzen, und die darauf reagierende und immer größer werdende #MeToo-Bewegung gehören unbedingt zu diesem Themenkomplex dazu. Denn die Fragen, mit welchen Wertigkeiten wir Männer und Frauen in unseren Erzählungen belegen, hat unmittelbare Folgen auch auf die Art und Weise, wie wir – nicht nur am Filmset – miteinander umgehen.

Die von Maria Furtwängler angeregte Studie, die die UFA ausdrücklich unterstützt hat, belegt deutlich mit Zahlen, was uns auch bei der UFA schon länger beschäftigt. Es wird unsere gemeinsame Aufgabe sein, hier in den nächsten Jahren nicht nur im Rahmen einer Unternehmenskultur verstärkt auf die Parität der Geschlechter zu setzen, sondern auch eine Sensibilisierung und einen Bewusstseinswandel im Hinblick auf die Geschichten, die wir erzählen, und auf die Art, wie wir sie erzählen, weiter voranzutreiben. Und dass Sexismus und sexueller Machtmissbrauch in einer Firma wie der UFA keinen Platz haben, sondern geächtet und geahndet werden, ist dabei selbstverständlich.

Auch die Frage nach migrantischen und postmigrantischen Perspektiven im Filmgeschäft und die Arbeit von künstlerischen Talenten mit Migrationshintergrund sowohl vor als auch hinter der Kamera werden uns in den nächsten Jahren beschäftigen, wenn es um die Frage nach den Narrativen im deutschen Film- und Fernsehbereich geht. Noch sind diese Perspektiven im gesamten Filmbereich im Verhältnis zur Bevölkerungszusammensetzung deutlich unterrepräsentiert, aber hier bewegt sich gerade vieles. Dafür spricht der Erfolg der 2018 in mehreren Kategorien mit dem Deutschen Fernsehpreis ausgezeichneten Serie *4 Blocks* über einen arabischen Familienclan in Berlin-Neukölln, und auch der Filmemacher Fatih Akin gehört nicht erst seit dem internationalen Riesenerfolg seines Films *Aus dem Nichts* zu den Topkreativen der deutschen Filmbranche.

Doch neben diesem Ausnahmekünstler, der er zweifelsohne ist, gibt es gerade im Bereich der jungen Talente längst zahlreiche Regisseurinnen und Regisseure mit Migrationshintergrund, die mit ihren Erzählungen das deutsche Fernsehen und den deutschen Film zunehmend prägen und in Zukunft noch viel stärker prägen werden. Ich selbst erlebe das in meiner Arbeit an der Filmakademie in Ludwigsburg permanent, wo die Zusammensetzung der Regie- oder Drehbuchklassen inzwischen auf eine sehr selbstverständliche Art vielfältig ist.

Seien es der türkischstämmige Bora Dagtekin, der mit der Serie *Türkisch für Anfänger* und natürlich mit *Fack ju Göhte* schon seit Jahren extrem erfolgreich ist, oder Regisseure und Regisseurinnen wie Burhan Qurbani, der als afghanischer Flüchtling nach Deutschland gekommen ist und beispielsweise für die UFA den Kinofilm *Wir sind jung. Wir sind stark* gedreht und viele Preise gewonnen hat, oder Soleen Yusef, die im Irak geboren wurde, bevor sie im Alter von neun Jahren mit ihren Eltern nach Deutschland gekommen ist, und die für ihren Debütfilm *Haus ohne Dach* 2016 mit dem First Steps Award sowie beim Montreal World Film Festival ausgezeichnet wurde und die nun ebenfalls für die UFA und andere große Produktionshäuser arbeitet: Sie alle stehen für eine selbstbewusste Generation junger Filmemacher mit nichtdeutschen Wurzeln, die mit ihren Perspektiven und ihren Geschichten den deutschen Film- und Fernsehmarkt verändern.

Und die sich dabei gleichzeitig zu Recht ausdrücklich nicht auf ihre Herkunft reduzieren lassen wollen. Denn auch wenn sich die Reihe dieser Namen fortsetzen und noch durch zunehmend im breitenwirksamen Fernsehen populäre Schauspieler wie Mehmet Kurtuluş oder den Hauptdarsteller aus *4 Blocks*, Kida Khodr Ramadan, ergänzen ließe, besteht nach wie vor die Tendenz, Künstler mit migrantischen Biografien thematisch allzu oft eher mit den Narrativen sozialer Randmilieus oder mit klischeehaften Flucht- oder Migrationsthematiken in Verbindung zu bringen, als sie mit dem selbstverständlichen Erzählen eigener Geschichten aus der Mitte der Gesellschaft heraus zu betrauen. Das entspricht nicht mehr der diversen Welt, in der wir heute leben.

Wir haben hier noch viel zu tun, und ich freue mich auf diese Herausforderungen, weil die Frage nach der Vielfalt der Gesellschaft sicher eines der nächsten großen Lebensthemen einer ganzen Generation sein wird, so wie mein Lebensthema die Auseinandersetzung mit der deutschen Geschichte und ihren Folgen geworden ist. Und letztendlich hängt beides untrennbar zusammen: Denn es gibt keine bessere Versicherung gegen den Rückfall der deutschen Gesellschaft in diese dunklen Zeiten unserer Geschichte als die selbstverständliche Anerkennung ihrer eigenen Diversität.

Ich bin deshalb auch als Fernsehmacher sehr gespannt darauf, welche Geschichten wir in den kommenden Jahren erzählen werden und welche Talente wir finden, die sie erzählen. Und ich bin neugierig darauf, welche Debatten wir mit unseren Programmen auslösen und begleiten können. Ich selbst bin bereit für diese Debatten, und ich habe nicht nur große Lust darauf, sie zu führen, ich sehe auch die Verantwortung, die wir haben, genau das zu tun.

Wir müssen miteinander reden. Auch mit den Populisten. Und auch mit der AfD. Aber nicht im Rahmen eines provokativen Streites oder als öffentlichkeitswirksam geführte Scheindebatte, sondern als echte Auseinandersetzung. Wo das nicht möglich und wo das nicht gewollt ist, wenn es nur um die taktisch gesetzten Provokationen und Tabubrüche geht, ist reden tatsächlich sinnlos. Aber ich bin vehement gegen jede grundsätzliche Tabuisierung von Gesprächen und nicht nur der festen Überzeugung, dass wir bereit sind für diese Auseinandersetzung, weil wir genug zu verteidigen und gute Argumente haben. Ich bin auch davon überzeugt, dass wir diese Debatten führen müssen, weil in diesem Fall jede nicht geführte Debatte immer die stärker macht, denen wir das Gespräch verweigern. Und wir brauchen intellektuelle Debatten, weil wir nur durch den Dialog einer Polarisierung innerhalb unserer Gesellschaft entgegenwirken können, die größer wird, je weniger wir miteinander reden.

Es ist also keine Frage des Wollens, die darüber entscheidet, ob wir eine Debatte führen. Es ist eine Frage der gesellschaftlichen Verantwortung. Es ist eine Frage des Bewusstseins unserer selbst. Und es ist eine Frage der Haltung.

Kapitel 17

Epilog: Was nicht erzählt wurde, aber nicht unerwähnt bleiben darf

Es ist in diesem Buch viel von Haltung die Rede und noch mehr von Filmen, anhand derer ich versucht habe zu zeigen, worauf meine eigene Haltung beruht und wie sie sich Stück für Stück entwickelt hat. Auch wenn ich dabei immer wieder von »meinen« Filmen spreche, ist es mir wichtig, noch einmal deutlich zu machen, dass die Entstehung eines Films nie nur an einer Person allein hängt. Filmemachen ist Teamarbeit, und ein guter Film hat viele Mütter und Väter, auch wenn sie in der öffentlichen Wahrnehmung nicht alle gleichermaßen sichtbar werden.

Dazu gehören nicht nur die Schauspieler, von denen längst nicht alle, die in meinem Leben und in meinen Filmen wichtig waren, in diesem Buch Erwähnung finden konnten, sondern auch die zahlreichen Menschen hinter der Kamera sowie in den verschiedenen Gewerken wie Ton, Licht, Ausstattung, Herstellung und Postproduktion. Und die Autoren, ohne deren Vorlagen wir anderen Kreativen verloren wären, verdienen für ihr unermüdliches Ringen um gute Stoffe ohnehin viel mehr Wertschätzung als sie in unserer Branche gemeinhin erfahren. Ihnen allen gebührt mein ehrlich empfundener Dank für die gemeinsame Arbeit und für die vielen persönlichen Begegnungen in mehreren Jahrzehnten meines Lebens als Filmemacher.

Heute, im Jahr 2018, produziere ich nur noch wenige große Stoffe selbst, denn ich habe innerhalb der UFA in den letzten Jahren einen weiteren beruflichen Positionswechsel vollzogen: Aus dem kleinen Start-up teamWorx ist im Laufe der Zeit eine immer größere UFA-Produktionseinheit geworden, sodass Wolf Bauer, der mir als UFA-Chef damals die Gründung von team-Worx überhaupt erst ermöglicht hat, gemeinsam mit mir vor einigen Jahren beschloss, den gesamten fiktionalen Bereich der UFA komplett neu zu strukturieren. Dabei ging teamWorx in die UFA Fiction über, deren Leitung ich übernahm, bevor ich alleiniger Geschäftsführer der gesamten UFA wurde, zunächst für eine Übergangsphase mit Wolf Bauer gemeinsam, bevor er 2017 das Unternehmen verließ. Wolf Bauer und ich haben damit nicht nur die Positionen getauscht – er entwickelt heute mit großer Energie als freier Produzent Projekte für die UFA, während ich als Medienmanager die Geschicke der UFA lenke –, sondern auch einen ausnehmend reibungslosen und freundschaftlichen Führungs- und Generationenwechsel innerhalb des großen Medienunternehmens UFA vollzogen, wofür ich ihm sehr dankbar bin.

Als CEO der UFA bin ich heute mehr denn je auf ein Team angewiesen, dem ich bedingungslos vertrauen kann. Nur gemeinsam mit einem starken Team ist es überhaupt möglich, die Geschicke dieses riesigen Produktionshauses erfolgreich voranzutreiben. Stellvertretend für die vielen Mitarbeiter der UFA seien deshalb an dieser Stelle die bereits erwähnten Geschäftsführer der UFA Fiction und UFA Serial Drama, Benjamin Benedict, Markus Brunnemann, Joachim Kosack, Sebastian Werninger und Jörg Winger, genannt sowie Ute Biernat, die die UFA Show & Factual leitet und mit ihrem Team seit Jahren mit immer neuen Entwicklungen für die UFA extrem erfolgreich den deutschen Show- und Unterhaltungsmarkt in unnachahmlicher Weise dominiert, sowie Tobias Schiwek, der mit dem UFA Lab völlig neue Wege des Erzählens und Unterhaltens im digitalen Bereich geht.

Wir alle suchen jeden Tag nach neuen Stoffen und nach den besten Möglichkeiten und Formaten, den Zuschauern Geschichten zu erzählen. Geschichten, die von der Welt handeln, von dem, was uns angeht und umtreibt, und von dem, was uns berührt und unterhält. Der Fernsehmarkt ändert sich gerade fundamental und rasant, zum linearen Fernsehen mit seinen öffentlich-rechtlichen und privaten Sendern kommen in den letzten Jahren immer mehr Streaming-Plattformen, auf denen der Zuschauer Filme und Sendungen passgenau abrufen kann. Der Fernsehmarkt wird größer, und er wird in seinen Ansprüchen spezifischer.

Für ein Produktionsunternehmen wie die UFA ist das eine große Chance, aber auch eine große Herausforderung. Denn wir finden zwar mehr potenzielle Partner und Abnehmer für das Programm, das wir produzieren, aber wir müssen auch immer genauer inhaltlich begründen, warum wir welches Format entwickeln. Damit das gelingt, suchen wir auch intern immer wieder die Diskussion untereinander – und die Kontroverse. Wir sind darum bemüht, mit unseren Formaten zu unterhalten, aber mit ihnen gleichzeitig auch eine gesellschaftliche Relevanz zu transportieren.

Die Debatten, die wir intern und gesellschaftlich führen, spiegeln sich auf die eine oder andere Weise in vielen unserer Programme wider. Interessanterweise ist das etwas, das für die Formate der Dailys schon seit Langem selbstverständlich ist. In kaum einem Programm haben wir in den letzten Jahren so unmittelbar auf gesellschaftliche Fragestellungen reagiert wie beispielsweise in *Gute Zeiten, schlechte Zeiten* oder *Unter uns*. In vielen Folgen wurden und werden aktuelle Fragen der Flüchtlingsthematik ebenso klar und sehr direkt verhandelt wie die Rolle von Homosexualität in der Gesellschaft, die Frage nach geschlechtlicher Gleichstellung oder sehr konkret auch die Ehe für alle, häusliche Gewalt, Burnout oder Drogensucht und Medikamentenmissbrauch.

Das lineare Fernsehen wird in Zukunft nicht verschwinden, wie manch einer heute unkt, und es wird auf absehbare Zeit auch nicht an Bedeutung verlieren, davon bin ich überzeugt. Und ich bin sehr froh, dass wir bei den verschiedenen Sendern Partner gefunden haben, mit denen wir seit Jahren kontinuierlich und sehr vertrauensvoll und erfolgreich daran arbeiten, qualitativ hochwertige Programmformate zu entwickeln. Heike Hempel, die inzwischen stellvertretende Programmdirektorin beim ZDF ist, oder die MDR-Fernsehfilmchefin Jana Brandt sind solche Partner, ohne die es viele unserer großen Filme und Serien nicht geben würde. Ebenso Carl Bergengruen, der langjährige Leiter der Fernsehfilmabteilung beim SWR und heutige Geschäftsführer der Filmförderung der Medien- und Filmgesellschaft Baden-Württemberg oder die Degeto-Geschäftsführerin Christine Strobl.

Auch Menschen wie der RTL-Programmgeschäftsführer Frank Hoffmann oder Kirsten Niehuus, Geschäftsführerin der Filmförderung Medienboard Berlin-Brandenburg, oder Petra Müller, Geschäftsführerin der Film-und Medienstiftung NRW, sind auf ihre jeweilige Art seit Jahren wichtige und zuverlässige Partner für mich.

Doch der Markt erweitert sich, nicht nur im deutschsprachigen Raum, sondern zunehmend auch im internationalen Bereich. Hierfür werden die Streaming-Dienste immer wichtiger werden. Die UFA produziert mit Serien wie *Deutschland83* und *Deutschland86* längst nicht mehr nur für den deutschen Fernsehmarkt, sondern für ein internationales Publikum. Und auch hier gilt: Ohne einen klaren Inhalt, ohne eine erkennbare Haltung zu diesem Inhalt und ohne eine deutliche Form hätten unsere Programme in diesem sich rasant entwickelnden Markt keine Chance.

Es bleibt also spannend. Selten waren die Zeiten fürs Fernsehen und auch für die Inhalte, die es transportiert, so gut wie heute, und ich freue mich auf das, was vor uns liegt.

Ich habe in diesem Buch versucht zu verdeutlichen, was mein sehr persönlicher Antrieb ist, Filme zu machen. Dabei habe ich mich auf einen im Verhältnis zu dem, was in den letzten Jahrzehnten an Filmen unter meiner Mitwirkung entstanden ist, schmalen Ausschnitt konzentriert. Wenn Sie mehr über meine Arbeit erfahren möchten, schauen Sie sich meine Filme an. Und sprechen Sie darüber.

Filmografie
(Auswahl nach Produktionsjahren)

Als Regisseur
1979

TREIBSAND
- mit Thomas Hahn, Gabriela Badura, Heinz Jörnhoff, Georg Montfort
- Drehbuch: Ulrich Stein

1981–1983

ABSCHIEDSBILDER
- BR
- mit Martin Baumgärtner, Georg Montfort, Rosemarie Reymann
- Drehbuch: Nico Hofmann

1984

DER KRIEG MEINES VATERS
- mit Hans-Joachim Grau, Gabriela Badura, Heiner Kollhoff, Matthias Kopfmüller, Erika Kirchgässner
- Drehbuch: Nico Hofmann

1985

DER POLENWEIHER
- SWF

- mit Ursula Cantieni, Gerhard Olschewski, Wolf-Dietrich Sprenger, Eberhard Feik
- Drehbuch: Thomas Strittmatter

1987

LAND DER VÄTER, LAND DER SÖHNE
- SWF, BR
- mit Karl-Heinz von Liebezeit, Katharina Meinecke, Lieselotte Rau, Adolf Laimböck, Karin Schröder, Eva Kotthaus
- Drehbuch: Nico Hofmann

CHIMÄREN – FIKTION UND WIRKLICHKEIT
- SWF
- mit Hans Peter Hallwachs, Lisa Kreuzer, Joana Maria Gorvin, Gerd Böckmann
- Drehbuch: Hans-Rüdiger Minow

1988

QUARANTÄNE
- SWR
- mit Günther Maria Halmer, Renan Demirkan, Ulrich Matschoss, Ben Becker
- Drehbuch: Fred Breinersdorfer

1989

ALLES PALETTI – ERSTE KLASSE, EINFACH
- (TV-Serie) SWF
- mit Rolf Becker, Wolf-Dietrich Berg, Karl-Friedrich Praetorius, Hannelore Elsner, Hans-Peter Hallwachs
- Drehbuch: Fred Breinersdorfer, Norbert Ehry

ALLES PALETTI – ÄFFCHEN SCHEREN

- (TV-Serie) SWF
- mit Rolf Becker, Wolf-Dietrich Berg, Friedrich-Karl Praetorius, Heinz Ehrenfreund, Xenia Pörtner
- Drehbuch: Fred Breinersdorfer, Norbert Ehry

1991

DER TOD KAM ALS FREUND

- ZDF
- mit Martin Benrath, Werner Kreindl, Hannelore Elsner, Rudolf Kowalski, Ernst Stankovski
- Drehbuch: Ulrike Stephan

TATORT – TOD IM HÄCKSLER

- SWF
- mit Ulrike Folkerts, Michael Schreiner, Ben Becker, Monica Bleibtreu, Rudolf Kowalski
- Drehbuch: Stefan Dähnert, Nico Hofmann

1992

SCHULZ UND SCHULZ IV: NEUE WELTEN –
ALTE LASTEN

- ZDF
- mit Götz George, Marlen Diekhoff, Werner Schwuchow, Martina Gedeck
- Drehbuch: Krystian Martinek, Neithardt Riedel

1993

DER LETZTE KOSMONAUT

- ZDF, arte
- mit Dominique Horwitz, Barbara Auer, Günter Lamprecht, Michael Mendl, Rudolf Kowalski, Heino Ferch
- Drehbuch: Sascha Arango

SCHULZ UND SCHULZ V – FÜNF VOR ZWÖLF
- ZDF
- mit Götz George, Marlen Diekhoff, Werner Schwuchow, Martina Gedeck
- Drehbuch: Krystian Martinek, Neithardt Riedel

1994

BALKO – HOTLINE
- RTL
- mit Jochen Horst, Ludger Pistor, Dieter Pfaff, Stefan Viering, Anette Hellwig
- Drehbuch: Leo P. Ard, Michael Illner

BALKO – BÜRGERWEHR
- RTL
- mit Jochen Horst, Dieter Pfaff, Ludger Pistor, Jürgen Elbers, Rudolf Kowalski
- Drehbuch: Leo P. Ard, Michael Illner

BALKO – BON VOYAGE
- RTL
- mit Jochen Horst, Dieter Pfaff, Ludger Pistor, Jürgen Elbers, Hedi Kriegeskotte
- Drehbuch: Leo P. Ard, Michael Illner

DER GROSSE ABGANG
- SWR
- mit Barbara Auer, Jörg Schüttauf, Roland Schäfer, Johanna Klante

1995

TÖDLICHE WENDE

- ZDF
- mit Tilo Prückner, Walter Kreye, Michael Mendl, Dietmar Mues, Rudolf Kowalski
- Drehbuch: Peter Zingler

DER SANDMANN

- RTL 2
- mit Götz George, Karoline Eichhorn, Barbara Rudnik
- Drehbuch: Matthias Seelig

1996

ES GESCHAH AM HELLICHTEN TAG

- SAT.1
- mit Joachim Król, Barbara Rudnik, Axel Milberg, Heino Ferch, Hans-Werner Meyer
- Drehbuch: Bernd Eichinger

1997

SOLO FÜR KLARINETTE

- ProSieben
- mit Götz George, Corinna Harfouch, Tim Bergmann, Barbara Auer
- Drehbuch: Susanne Schneider

Als Produzent

1993

DURST

- WDR, ORF, NDR
- mit Jürgen Vogel, Nicolette Krebitz, André Eisermann

- Regie und Drehbuch: Martin Weinhart
- Weitere Produzenten: Gunda H. Jürges, Horst Knechtel, Herbert Linkesch

1999

URLAUB IM ORIENT – UND NIEMAND HÖRT DEIN SCHREIEN

- RTL
- mit Floriane Daniel, Felix Eitner, Julia Jäger, Wotan Wilke Möhring, Friederike Wagner
- Regie: Michael Wenning, Drehbuch: Oliver Simon

2000

DER SCHUSS

- ZDF, arte
- mit Lisa Martinek, Felix Eitner, Dominique Horwitz
- Regie und Drehbuch: Nikolaus Leytner

LIEBE.MACHT.BLIND.

- SWR, ARD Degeto
- mit Götz George, Barbara Auer, Sylvester Groth, Armin Rohde
- Regie: Thorsten Näter, Drehbuch: Sascha Arango
- Weitere Produzentin: Doris Zander

STERNENFÄNGER

- Imagefilm für Bertelsmann
- Regie: Nikolai Karo

DIE GROSSSTADT-SHERIFFS

- RTL
- mit Wotan Wilke Möhring, Tyron Ricketts, Arnfried Lerche, Xenia Seeberg
- Regie: Stephen Manuel, Drehbuch: Matthias Dinter

JULIETTA – ES IST NICHT WIE DU DENKST
- (Kinofilm) ZDF, arte
- mit Lavinia Wilson, Barnaby Metschurat, Matthias Koeberlin, Arndt Schwering-Sohnrey, Theresa Scholze, Julia Jentsch
- Regie: Christoph Stark, Drehbuch: Jochen Bitzer und Christoph Stark
- Weitere Produzentin: Bettina Reitz

EINE HAND VOLL GLÜCK
- SWR
- mit Suzanne von Borsody, Stephan Dellgrün, Henry Hübchen, Marek Wlodarczyk, Marc Letzig, Michael Munteanu
- Regie: Christiane Balthasar, Drehbuch: Claudia Garde, Britta Stöckle

DER TANZ MIT DEM TEUFEL – DIE ENTFÜHRUNG DES RICHARD OETKER
- SAT.1
- mit Sebastian Koch, Tobias Moretti, Christoph Waltz, Sophie von Kessel
- Regie: Peter Keglevic, Drehbuch: Rainer Berg
- Weitere Produzenten: Ariane Krampe, Ludwig zu Salm

DER TUNNEL
- SAT.1
- mit Heino Ferch, Sebastian Koch, Alexandra Maria Lara, Nicolette Krebitz, Claudia Michelsen
- Regie: Roland Suso Richter, Drehbuch: Johannes W. Betz
- Weitere Produzentin: Ariane Krampe

BORAN
- (Kinofilm) Senator Film Verleih
- mit Matthias Habich, Karoline Teska, Henry Hübchen
- Regie: Alex Berner, Drehbuch: Claus Cornelius Fischer
- Weitere Produzentin: Bettina Reitz

BOBBY
- BR, HR
- mit Veronica Ferres, Markus Knüfken, Bobby Brederlow, Steffen Groth
- Regie: Vivian Naefe, Drehbuch: Gabriela Sperl

2001

TIGERMÄNNCHEN SUCHT TIGERWEIBCHEN
- ARD Degeto, BR
- mit Aglaia Szyszkowitz, Richy Müller, Ginger Wensky, Stephan Dellgrün
- Regie: Michael Kreihsl, Drehbuch: Eva Spreitzhofer-Wiesner

SCHLEUDERTRAUMA
- SWR
- mit Tim Bergmann, Alexandra Maria Lara, Natalia Wörner, Anja Kling, Laura Tonke
- Regie: Johannes Fabrick, Drehbuch: Stefan Kolditz

BERLIN – SINFONIE EINER GROSSSTADT
- (Kinofilm) SWR, arte
- Regie und Drehbuch: Thomas Schadt
- Weiterer Produzent: Thomas Schadt (Odyssee Film)

2002

NICHT OHNE DEINE LIEBE

- ARD
- mit Robert Atzorn, Suzanne von Borsody, Heikko Deutschmann, Samira Bedewitz
- Regie: Sigi Rothemund, Drehbuch: Gregor Adamczyk, Annette Simon

FÜR IMMER VERLOREN

- SAT.1
- mit Veronica Ferres, Walter Sittler, Frederic Welter, Cornelia Gröschel, Laura Messing, Pasquale Aleardi
- Regie: Uwe Janson, Drehbuch: Johannes Wünsche
- Weiterer Produzent: Joachim Kosack

ZWEI TAGE HOFFNUNG – DER AUFSTAND
VOM 17. JUNI 1953

- WDR, SWR
- mit Sebastian Koch, Christoph Waltz, Lisa Martinek, Hans-Werner Meyer
- Regie: Peter Keglevic, Drehbuch: Holger Karsten Schmidt
- Weitere Produzentin: Ariane Krampe; Ausführender Produzent: Wolfgang Hantke

EINE LIEBE IN AFRIKA

- BR, ARD Degeto, ORF
- mit Heiner Lauterbach, Julia Stemberger, Hannelore Elsner, Bernhard Schir, Friedrich von Thun
Regie: Xaver Schwarzenberger, Drehbuch: Gabriela Sperl

ALLTAG

- BR
- mit Florian Panzner, Neelesha Bavora, Kida Ramadan, Erhan Emre, Augustin Kramann
- Regie und Drehbuch: Neco Çelik

THE JOURNEY
- Imagefilm für die RTL Group
- Regie: Tim Löhr

CAROLA STERN – DOPPELLEBEN
- BR, WDR, arte
- mit Maria Simon, Renate Krößner, Uwe Kockisch, Felix Eitner, Burghart Klaußner
- Regie: Thomas Schadt, Drehbuch: Gabriela Sperl

STÄRKER ALS DER TOD
- ZDF
- mit Veronica Ferres, August Zirner, Anna Brüggemann, Martin Feifel, Cornelia Froboess
- Regie und Drehbuch: Nikolaus Leytner

ZUCKERBROT
- SWR, BR
- mit Marie Zielcke, Ivan Shvedoff, Florian Lukas, Axel Prahl
- Regie und Drehbuch: Hartmut Schoen

DIE STURMFLUT
- RTL
- mit Benno Fürmann, Jan Josef Liefers, Nadja Uhl, Götz George, Hannelore Elsner, Heiner Lauterbach, Natalia Wörner
- Regie: Jorgo Papavassiliou, Drehbuch: Holger Karsten Schmidt
- Weiterer Produzent: Sascha Schwingel; Co-Produzent: Jan Mojto (EOS Entertainment)

KEIN HIMMEL ÜBER AFRIKA

- ARD Degeto
- mit Veronica Ferres, Jean-Hugues Anglade, Götz George, Enrico Mutti, Michaela Rosen, Katharina Meinecke, Nikolai Kinski
- Regie: Roland Suso Richter, Drehbuch: Heiko Schier, nach der gleichnamigen Autobiografie von Kerstin Cameron
- Weitere Produzenten: Joachim Kosack, Barbara Thielen; Ausführender Produzent Südafrika: Giselher Venzke; Co-Produzenten: Veronica Ferres, Martin J. Krug (Bella Vita Film), Hans-Wolfgang Jurgan (ARD Degeto), Jan Mojto (EOS Productions)

EIN TOTER BRUDER

- BR, SWR, RBB
- mit Marie Bäumer, Thomas Dannemann, Michael Rotschopf
- Regie: Stefan Krohmer, Drehbuch: Daniel Nocke
- Weiterer Produzent: Sascha Schwingel

EINMAL SO WIE ICH WILL

- ZDF
- mit Senta Berger, Götz George, Peter Simonischek, Jeanette Hain
- Regie: Vivian Naefe, Drehbuch: Gabriela Sperl
- Weitere Produzentin: Gabriela Sperl

DER VATER MEINER SCHWESTER

- BR, SWR, arte
- mit Ludwig Blochberger, Katharina Schüttler, Christian Berkel, Anke Sevenich, Johanna Gastdorf
- Regie: Christoph Stark, Drehbuch: Jochen Bitzer und Christoph Stark

WAS FÜR EIN SCHÖNER TAG

- ZDF
- mit Katharina Böhm, Hans-Werner Meyer, Moritz Basilico, Antonio Putignano, Stephan Kampwirth
- Regie und Drehbuch: Rolf Silber

2005

DRESDEN

- ZDF
- mit Felicitas Woll, Heiner Lauterbach, Wolfgang Stumph, Benjamin Sadler, John Light, Jürgen Heinrich, Marie Bäumer, Katharina Meinecke, Susanne Bormann, Kai Wiesinger
- Regie: Roland Suso Richter, Drehbuch: Stefan Kolditz
- Weiterer Produzent: Sascha Schwingel; Ausführender Produzent: Jürgen Schuster; Co-Produzent: Jan Mojto (EOS Entertainment)

NICHT ALLE WAREN MÖRDER

- SWR, BR, ARD Degeto
- mit Nadja Uhl, Aaron Altaras, Hannelore Elsner, Richy Müller, Axel Prahl, Dagmar Manzel, Maria Simon, Katharina Thalbach
- Regie und Drehbuch: Jo Baier
- Weitere Produzenten: Gabriela Sperl, Jürgen Schuster

KAHLSCHLAG

- SWR
- mit Stipe Erceg, Nadeshda Brennicke, Lisa Maria Potthoff, Charly Hübner, Dagmar Leesch
- Regie: Patrick Tauss, Drehbuch: Patrick Tauss, Michael Proehl nach einer Vorlage von Alexander Steimle
- Weiterer Produzent: Christian Rohde

BLOND: EVA BLOND! DER SCHWARZE MANN
- SAT.1
- mit Corinna Harfouch, Erdal Yildiz
- Regie: Achim von Borries, Drehbuch: Sascha Arango
- Weitere Produzentin: Barbara Thielen

BLOND: EVA BLOND UND DER SECHSTE SINN
- SAT.1
- mit Corinna Harfouch, Erdal Yildiz, Herbert Knaup, Gottfried Breitfuss
- Regie: Matthias Glasner, Drehbuch: Sascha Arango
- Weitere Produzentin: Barbara Thielen

DONNA LEON – ENDSTATION VENEDIG
- ARD Degeto, BR
- mit Uwe Kockisch, Julia Jäger, Laura-Charlotte Syniawa, Patrick Diemling, Karl Fischer
- Regie: Sigi Rothemund, Drehbuch: Renate Kampmann, Holger Joos
- Weitere Produzenten: Benjamin Benedict, Katharina M. Trebitsch

DONNA LEON – BEWEISE, DASS ES BÖSE IST
- ARD Degeto, BR
- mit Uwe Kockisch, Julia Jäger, Laura-Charlotte Syniawa, Patrick Diemling, Karl Fischer
- Regie: Sigi Rothemund, Drehbuch: Renate Kampmann, Holger Joos
- Weiterer Produzent: Benjamin Benedict

DIE LUFTBRÜCKE – NUR DER HIMMEL WAR FREI
- SAT.1
- mit Heino Ferch, Bettina Zimmermann, Ulrich Tukur, Ulrich Noethen, Katharina Wackernagel, Henning Baum

- Regie: Dror Zahavi, Drehbuch: Martin Rauhaus
- Weitere Produzenten: Ariane Krampe, Jürgen Schuster

2006

VERRÜCKT NACH CLARA
- ProSieben
- mit Julia-Maria Köhler, Sascha Göpel, Cordelia Wege, Pasquale Aleardi
- Regie: Sven Bohse, Drehbuch: Nicolas Mercier
- Weitere Produzentin: Ariane Krampe

MEIN MÖRDER KOMMT ZURÜCK
- ZDF
- mit Katharina Wackernagel, Matthias Koeberlin, Sandra Borgmann, Max Urlacher
- Regie: Andreas Senn, Drehbuch: Norbert Eberlein
- Weiterer Produzent: Christian Rohde

DONNA ROMA
- ZDF
- mit Jutta Speidel, Luca Barbareschi, Huub Stapel, Bruno Maccallini, Nikolaus Paryla
- Regie: Jakob Schäuffelen, Drehbuch: Jürgen Pomorin, Birgit Grosz, Uli Brée
- Weiterer Produzent: Sascha Schwingel; Co-Produzent: Jan Mojto (EOS Entertainment)

DONNA LEON – DIE DUNKLE STUNDE DER SERENISSIMA
- ARD Degeto, BR
- mit Uwe Kockisch, Julia Jäger, Karl Fischer, Annett Renneberg, Michael Degen
- Regie: Sigi Rothemund, Drehbuch: Holger Joos
- Weiterer Produzent: Benjamin Benedict

DONNA LEON – BLUTIGE STEINE
- ARD Degeto, BR
- mit Uwe Kockisch, Julia Jäger, Karl Fischer, Annett Renneberg, Michael Degen
- Regie: Sigi Rothemund, Drehbuch: Holger Joos
- Weiterer Produzent: Benjamin Benedict

DIE FLUCHT
- ARD Degeto, BR, WDR, SWR, HR, ORF, arte
- mit Maria Furtwängler, Jürgen Hentsch, Hanns Zischler, Gabriela Maria Schmeide, Angela Winkler, Max von Thun, Tonio Arango, Jean-Yves Berteloot
- Regie: Kai Wessel, Drehbuch: Gabriela Sperl
- Weitere Produzenten: Gabriela Sperl, Joachim Kosack, Jürgen Schuster; Co-Produzent: Jan Mojto (EOS Entertainment)

DAS GLÜCK AM ANDEREN ENDE DER WELT
- ARD Degeto, BR
- mit Maja Maranow, Heiner Lauterbach, Michael Greiling, Bernhard Schir, Franz Dinda
- Regie: Dietmar Klein, Drehbuch: Rodica Döhnert
- Weiterer Produzent: Sascha Schwingel; Co-Produzenten: Jan Mojto (EOS Entertainment), Hans-Wolfgang Jurgan (ARD Degeto)

2007

DAS WUNDER VON BERLIN
- ZDF
- mit Karoline Herfurth, Kostja Ullmann, Veronica Ferres, Heino Ferch, Michael Gwisdek, André Hennicke
- Regie: Roland Suso Richter, Drehbuch: Thomas Kirchner
- Weitere Produzenten: Benjamin Benedict, Jürgen Schuster

WILLKOMMEN ZUHAUSE
- SWR
- mit Ken Duken, Ulrike Folkerts, Mira Bartuschek
- Regie: Andreas Senn, Drehbuch: Christian Pfannenschmidt
- Weiterer Produzent: Jan Kromschröder (Kromschröder & Pfannenschmidt)

MITTE 30
- BR
- mit Mark Waschke, Anneke Kim Sarnau, Robert Dölle, Silke Bodenbender
- Regie: Stefan Krohmer, Drehbuch: Daniel Nocke
- Weiterer Produzent: Christian Rohde

MEIN HERZ IN CHILE
- ZDF
- mit Hannelore Elsner, Bettina Zimmermann, Franco Nero
- Regie: Jörg Grünler, Drehbuch: Andrea Stoll, Kathrin Richter, Jörg Grünler
- Weitere Produzenten: Jürgen Schuster, Sascha Schwingel

LILYS GEHEIMNIS
- ZDF
- mit Anna Loos, Jan Josef Liefers, Janek Rieke
- Regie: Andreas Senn, Drehbuch: Annette Simon
- Weiterer Produzent: Christian Rohde

DONNA LEON – WIE DURCH EIN DUNKLES GLAS
- ARD Degeto, BR
- mit Uwe Kockisch, Julia Jäger, Karl Fischer, Annett Renneberg, Michael Degen
- Regie: Sigi Rothemund, Drehbuch: Holger Joos
- Weiterer Produzent: Benjamin Benedict

DONNA LEON – LASSET DIE KINDER ZU UNS KOMMEN
- ARD Degeto, BR
- mit Uwe Kockisch, Julia Jäger, Karl Fischer, Annett Renneberg, Michael Degen
- Regie: Sigi Rothemund, Drehbuch: Holger Joos, Stephan Holtz, Florian Iwersen
- Weiterer Produzent: Benjamin Benedict

DIE PATIN
- RTL
- mit Veronica Ferres, Jeroen Willems, Michael Degen, Axel Prahl, Fritz Karl, Peter Davor, Delphine Chanéac, Andreas Pietschmann
- Regie: Miguel Alexandre, Drehbuch: Christoph Darnstädt
- Weitere Produzenten: Klaus Zimmermann, Jürgen Schuster

MOGADISCHU
- ARD Degeto, SWR, BR
- mit Thomas Kretschmann, Nadja Uhl, Simon Verhoeven, Herbert Knaup, Jürgen Tarrach, Christian Berkel, Saïd Taghmaoui
- Regie: Roland Suso Richter, Drehbuch: Maurice Philip Remy, Drehbuchbearbeitung: Gabriela Sperl
- Weitere Produzenten: Gabriela Sperl, Jürgen Schuster

2008
VULKAN
- RTL
- mit Matthias Koeberlin, Katharina Wackernagel, Yvonne Catterfeld, Heiner Lauterbach, Armin Rohde, Katja Riemann, Pasquale Aleardi, Ursula Karven
- Regie: Uwe Janson, Drehbuch: Alexander Rümelin

- Weitere Produzenten: Klaus Zimmermann, Jürgen Schuster

VORZIMMER ZUR HÖLLE
- ZDF
- mit Henriette Richter-Röhl, Andreas Pietschmann, Heidelinde Weis, Eleonore Weisgerber, Gregor Bloéb
- Regie: John Delbridge, Drehbuch: Christian Pfannen-schmidt
- Weiterer Produzent: Jan Kromschröder (Kromschröder & Pfannenschmidt)

ALISA – FOLGE DEINEM HERZEN
- ZDF
- mit Theresa Scholze, Jan Hartmann, Sara Fonseca, Andreas Hofer
- Regie: Walter A. Franke, Annette Herre, Britta Keils u.a., Drehbuch: Andreas Fuhrmann und Team, nach einer Idee von Natalie Scharf
- Weitere Produzenten: Natalie Scharf, Rainer Wemcken, Guido Reinhardt

HANNA – FOLGE DEINEM HERZEN
- (TV-Serie) ZDF
- mit Luise Bähr, Sophie Lutz, Simon Böer, Sabine Bach, Grit Boettcher
- Regie: Patrick Caputo, Walter A. Franke, Klaus Kemmler u.a., Drehbuch: Cornelia Deil-Sanoh, Dirk Tessnow
- Weitere Produzenten: Rainer Wemcken, Guido Reinhardt

SCHICKSALSTAGE IN BANGKOK
- ARD Degeto
- mit Suzanne von Borsody, Bettina Zimmermann, Maria Bachmann, Michèle Marian, Franziska Neiding

- Regie: Hartmut Griesmayr, Drehbuch: Renée und Rolf Karthee
- Ausführender Produzent: Wolfgang Hantke

KOMMISSAR LaBRÉA – TOD AN DER BASTILLE
- ARD Degeto
- mit Francis Fulton-Smith, Valerie Niehaus, Gudrun Landgrebe, Bruno Bruni, Daniel Friedrich
- Regie: Sigi Rothemund, Drehbuch: Alexandra von Grothe
- Weiterer Produzent: Benjamin Benedict

DAS GEHEIMNIS DER WALE
- ZDF
- mit Veronica Ferres, Christopher Lambert, Mario Adorf, Clemens Schick
- Regie: Philipp Kadelbach, Drehbuch: Richard Reitinger, Natalie Scharf
- Weitere Produzenten: Moritz von Koss, Sascha Schwingel; Co-Produzenten: Veronica Ferres, Martin J. Krug (Bella Vita Film), Ausführender Produzent Südafrika: Giselher Venzke (Two Ocean Productions)

DUTSCHKE
- ZDF
- mit Christoph Bach, Emily Cox, Pasquale Aleardi, Matthias Koeberlin
- Regie: Stefan Krohmer, Drehbuch: Daniel Nocke
- Weiterer Produzent: Benjamin Benedict

DER MANN AUS DER PFALZ
- ZDF
- mit Thomas Thieme, Renée Soutendijk, Claus Theo Gärtner, Stephan Grossmann, Rosalie Thomass, Rainer Sellien

- Regie: Thomas Schadt, Drehbuch: Jochen Bitzer und Thomas Schadt
- Weiterer Produzent: Christian Rohde

2009

LACONIA
- ARD Degeto, SWR, BBC
- mit Franka Potente, Ken Duken, Andrew Buchan, Matthias Koeberlin, Thomas Kretschmann
- Regie: Uwe Janson, Drehbuch: Alan Bleasdale
- Weitere Produzenten: Klaus Zimmermann, Jürgen Schuster, Tobias Haas, Jonathan Young, Sara Geater, Lorraine Heggessey (talkbackTHAMES); Ausführender Produzent: Sebastian Werninger; Co-Produzenten: Hans-Wolfgang Jurgan (ARD Degeto), Jan Mojto (EOS Entertainment)

GENUG IST NICHT GENUG
- BR
- mit Jule Ronstedt, Martin Feifel, Jürgen Schornagel, Alexander Held
- Regie: Thomas Stiller, Drehbuch: Oliver Frohnauer
- Weiterer Produzent: Benjamin Benedict

TATORT – SCHWEINEGELD
- RBB
- mit Dominic Raacke, Boris Aljinovic, Alexandra Finder, Lukas Gregorowicz
- Regie: Bodo Fürneisen, Drehbuch: Thorsten Wettcke, Christoph Silber
- Weitere Produzenten: Gloria Burkert, Andreas Bareiss (BurkertBareiss Development)

RAUF UND RUNTER / Christian Rohde
- Web-Comedy-Serie für bild.de
- mit Axel Wedekind, Claudia Hauf, Daniel Steiner, Conrad Maria Mullenarque, Wolfgang Stein, Sandra Schreiber
- Regie: Stephan Manuel, Drehbuch: Axel Melzener, Michael Krieg, Alex Broicher, Sabina Schäfer, Michael Proehl, Philipp Zimmermann
- Weitere Produzenten: Jürgen Schuster, Christian Rohde

KOMMISSAR LaBRÉA – TODESTRÄUME AM MONT-PARNASSE
- ARD Degeto
- mit Francis Fulton-Smith, Valerie Niehaus, Gudrun Landgrebe, Bruno Bruni, Daniel Friedrich, Anja Knauer
- Regie: Dennis Satin, Drehbuch: Thomas Stiller
- Weiterer Produzent: Benjamin Benedict

KOMMISSAR LaBRÉA – MORD IN DER RUE ST. LAZARE
- ARD Degeto
- mit Francis Fulton-Smith, Valerie Niehaus, Gudrun Landgrebe, Bruno Bruni, Daniel Friedrich, Anja Knaue
- Regie: Dennis Satin, Drehbuch: Jürgen Büscher
- Weiterer Produzent: Benjamin Benedict

SCHICKSALSJAHRE
- ZDF
- mit Maria Furtwängler, Pasquale Aleardi, Günther Maria Halmer, Rosel Zech, Dorka Gryllus
- Regie: Miguel Alexandre, Drehbuch: Thomas Kirchner
- Weitere Produzenten: Benjamin Benedict, Jürgen Schuster

SIE HAT ES VERDIENT
- ARD Degeto, BR
- mit Veronica Ferres, Jule Ronstedt, Martin Feifel, Oliver

Mommsen, Liv Lisa Fries, Saskia Schindler, François Goeske
- Regie und Drehbuch: Thomas Stiller
- Weitere Produzenten: Gesa Tönnesen, Benjamin Benedict; Co-Produzentin: Veronica Ferres

ROSANNAS TOCHTER
- ARD Degeto, BR
- mit Veronica Ferres, Fritz Karl, Mathilda Bundschuh
- Regie: Franziska Buch, Drehbuch: Christian Jeltsch
- Weiterer Produzent: Sascha Schwingel; Co-Produzenten: Veronica Ferres, Martin J. Krug (Bella Vita Film)

DIE GRENZE
- SAT.1
- mit Benno Fürmann, Thomas Kretschmann, Marie Bäumer, Anja Kling, Uwe Kockisch, Inka Friedrich, Ronald Zehrfeld, Katja Riemann
- Regie: Roland Suso Richter, Drehbuch: Christoph und Friedemann Fromm nach einer Idee von Nico Hofmann
- Weitere Produzenten: Klaus Zimmermann, Jürgen Schuster

BIS NICHTS MEHR BLEIBT
- SWR, ARD Degeto, NDR
- mit Silke Bodenbender, Felix Klare, Nina Kunzendorf, Kai Wiesinger, Suzanne von Borsody, Robert Atzorn, Sabine Postel
- Regie und Drehbuch: Niki Stein
- Weiterer Produzent: Benjamin Benedict

HANNI & NANNI
- (Kinofilm) Universal Pictures International Germany
- mit Jana und Sophia Münster, Hannelore Elsner, Heino Ferch, Suzanne von Borsody, Anja Kling, Katharina Thalbach

- Regie: Christine Hartmann, Drehbuch: Jane Ainscough, Katharina Reschke
- Weitere Produzenten: Jürgen Schuster, Ariane Krampe, Wolf Bauer, Thomas Peter Friedl (UFA CINEMA), Hermann Florin, Emmo Lempert (Feine Filme)

TEUFELSKICKER
- (Kinofilm) Universal Pictures International Germany
- mit Diana Amft, Benno Fürmann, Rainer Schöne, Armin Rohde, Catherine Flemming, Henry Horn, Dario Barbanti-Flick, Marvin Schlatter, Cosima Henman
- Regie: Granz Henman, Drehbuch: Granz Henman, Christoph Silber
- Weitere Produzenten: Thomas Peter Friedl, Markus Brunnemann, Jürgen Schuster, Wolf Bauer; Ausführender Produzent: Patrick Zorer

SHAHADA
- (Kinofilm), ZDF
- mit Maryam Zaree, Jerry Hoffmann, Carlo Ljubek, Sergej Moya, Anne Ratte-Polle
- Regie: Burhan Qurbani, Drehbuch: Ole Giec, Burhan Qurbani
- Co-Produzent: Nico Hofmann, Produzenten: Susanne Kusche, Uwe Spiller, Robert Gold
- Weitere Co-Produzenten: Thomas Schadt, Thomas Lechner

2010

Die VIERTE MACHT
- (Kinofilm) Universal Pictures International Germany
- mit Moritz Bleibtreu, Kasia Smutniak, Max Riemelt, Stipe Erceg

- Regie und Drehbuch: Dennis Gansel
- Weitere Produzenten: Nina Maag, Thomas Peter Friedl

WIR WOLLTEN AUFS MEER
- (Kinofilm) Universal Pictures International Germany
- mit Alexander Fehling, August Diehl, Ronald Zehrfeld
- Regie: Toke C. Hebbeln, Drehbuch: Toke C. Hebbeln, Ronny Schalk
- Weitere Produzenten: Ariane Krampe, Jürgen Schuster, Manuel Bickenbach, Alexander Bickenbach; Ausführender Produzent: Sebastian Werninger; Co-Produzenten: Bettina Reitz, Hans-Wolfgang Jurgan

DONNA LEON – DAS MÄDCHEN SEINER TRÄUME
- ARD Degeto, BR
- mit Uwe Kockisch, Julia Jäger, Laura-Charlotte Syniawa, Patrick Diemling, Michael Degen
- Regie: Sigi Rothemund, Drehbuch: Stefan Holtz und Florian Iwersen
Weiterer Produzent: Benjamin Benedict

DONNA LEON – SCHÖNER SCHEIN
- ARD Degeto, BR
- mit Uwe Kockisch, Julia Jäger, Laura-Charlotte Syniawa, Patrick Diemling, Michael Degen
- Regie: Sigi Rothemund, Drehbuch: Holger Joos
- Weiterer Produzent: Benjamin Benedict

MORD IN LUDWIGSLUST
- ZDF
- mit Anja Kling, Mark Waschke
- Regie: Kai Wessel, Drehbuch: Thomas Kirchner
- Weiterer Produzent: Benjamin Benedict

HINDENBURG

- RTL
- mit Maximilian Simonischek, Lauren Lee Smith, Heiner Lauterbach, Greta Scacchi, Stacy Keach, Ulrich Noethen, Christiane Paul, Hannes Jaenicke
- Regie: Philipp Kadelbach, Drehbuch: Johannes W. Betz, Martin Pristl
- Weitere Produzenten: Sascha Schwingel, Jürgen Schuster; Co-Produzent: Jan Mojto (EOS Entertainment)

DER KALTE HIMMEL

- ARD Degeto
- mit Christine Neubauer, Marcus Mittermeier, Tim Bergmann
- Regie: Johannes Fabrick, Drehbuch: Andrea Stoll
- Weitere Produzentin: Ariane Krampe

NICHT MIT MIR, LIEBLING

- ARD Degeto
- mit Ursula Karven, Hans-Werner Meyer, Henning Baum
- Regie: Thomas Nennstiel, Drehbuch; Christoph Silber, Stefan Schaefer
- Ausführender Produzent: Wolfgang Hantke

VORZIMMER ZUR HÖLLE – STRENG GEHEIM

- ZDF
- mit Henriette Richter-Röhl, Andreas Pietschmann, Ivonne Schönherr, Heidelinde Weis
- Regie: Michael Keusch, Drehbuch: Christian Pfannenschmidt
- Weiterer Produzent: Jan Kromschröder (Kromschröder & Pfannenschmidt)

LIEBE UND TOD AUF JAVA

- ARD Degeto
- mit Muriel Baumeister, Francis Fulton-Smith, Julia Thurnau, Filip Peeters
- Regie: Heidi Kranz, Drehbuch: Christian Pfannenschmidt
- Weitere Produzentin: Ariane Krampe; Co-Produzent: Hans-Wolfgang Jurgan (ARD Degeto)

FÜR IMMER FRÜHLING

- ZDF
- mit Simone Thomalla, Marco Girnth, Carolyn Genzkow
- Regie: Michael Karen, Drehbuch Natalie Scharf
- Weitere Produzentin: Natalie Scharf (Seven Dogs Filmproduktion)

TSUNAMI – DAS LEBEN DANACH

- ZDF
- mit Veronica Ferres, Hans-Werner Meyer
- Regie: Christine Hartmann, Drehbuch: Natalie Scharf
- Weitere Produzenten: Jürgen Schuster, Natalie Scharf (Seven Dogs Filmproduktion)

DSCHUNGELKIND

- (Kinofilm) Universal Pictures International Germany
- mit Thomas Kretschmann, Nadja Uhl, Stella Kunkat, Sina Tkotsch
- Regie: Roland Suso Richter, Drehbuch: Natalie Scharf, Drehbuchbearbeitung: Roland Suso Richter, Florian Schumacher, Beth Serlin
- Weitere Produzenten: Jürgen Schuster, Natalie Scharf, Wolf Bauer, Thomas Peter Friedl; Co-Produzent: Hans-Wolfang Jurgan

2011

FRÜHLING FÜR ANFÄNGER

- ZDF
- mit Simone Thomalla, Marco Girnth, Carolyn Genzkow
- Regie: Achim Bornhak, Drehbuch: Natalie Scharf
- Weitere Produzentin: Natalie Scharf (Seven Dogs Filmproduktion)

DER TURM

- MDR, ARD Degeto, NDR, BR, WDR, SWR, RBB
- mit Jan Josef Liefers, Claudia Michelsen, Sebastian Urzendowsky, Götz Schubert, Nadja Uhl
- Regie: Christian Schwochow, Drehbuch: Thomas Kirchner
- Weiterer Produzent: Benjamin Benedict

ROMMEL

- SWR
- mit Ulrich Tukur, Benjamin Sadler, Thomas Thieme, Hanns Zischler
- Regie und Drehbuch: Niki Stein
- Weitere Produzenten: Ariane Krampe, Jürgen Schuster

DER FALL JAKOB VON METZLER

- ZDF
- mit Robert Atzorn, Uwe Bohm, Johannes Allmayer, Wolfgang Pregler
- Regie: Stephan Wagner, Drehbuch: Jochen Bitzer
- Weiterer Produzent: Benjamin Benedict

MÜNCHEN 72 – DAS ATTENTAT

- ZDF
- mit Bernadette Herwagen, Felix Klare, Heino Ferch, Shredy Jabarin, Benjamin Sadler

- Regie: Dror Zahavi, Drehbuch: Martin Rauhaus unter fachlicher Beratung von Uli Weidenbach
- Weitere Produzentin: Ariane Krampe

UNSERE MÜTTER, UNSERE VÄTER
- ZDF
- mit Volker Bruch, Tom Schilling, Ludwig Trepte, Katharina Schüttler, Miriam Stein
- Regie: Philipp Kadelbach, Drehbuch: Stefan Kolditz
- Weitere Produzenten: Benjamin Benedict, Jürgen Schuster; Ausführende Produzenten: Sebastian Werninger, Katrin Goetter

DIE ERFINDERBRAUT
- ARD Degeto
- mit Simone Thomalla, Ulrich Noethen, Catherine Flemming
- Regie: Thomas Nennstiel, Drehbuch: Natalie Scharf
- Weitere Produzentin: Natalie Scharf

HANNI & NANNI 2
- (Kinofilm) Universal Pictures International Germany
- mit Jana und Sophia Münster, Heino Ferch, Suzanne von Borsody, Anja Kling, Katharina Thalbach, Carolin Kebekus, Barbara Schöneberger, Hannelore Elsner
- Regie: Julia von Heinz, Drehbuch: Jane Ainscough, Christoph Silber
- Weitere Produzenten: Jürgen Schuster, Gesa Tönnesen (UFA CINEMA), Hermann Florin (Feine Filme)

JESUS LIEBT MICH
- (Kinofilm) Universal Pictures International Germany
- mit Jessica Schwarz, Florian David Fitz
- Regie und Drehbuch: Florian David Fitz

- Weitere Produzenten: Steffi Ackermann, Thomas Peter Friedl, Patrick Zorer

DER FAST PERFEKTE MANN
- (Kinofilm) Warner Bros. Pictures Germany
- mit Benno Fürmann, Louis Hofmann, Jördis Triebel
- Regie: Vanessa Jopp, Drehbuch: Jane Ainscough
- Weiterer Produzent: Jürgen Schuster

DAS WOCHENENDE
- (Kinofilm) Universum Film
- mit Katja Riemann, Sebastian Koch, Barbara Auer, Tobias Moretti, Sylvester Groth
- Regie und Drehbuch: Nina Grosse
- Weitere Produzenten: Nina Maag, Thomas Peter Friedl

2012

DER MEDICUS
- (Kinofilm) Universal Pictures International Germany
- mit Tom Payne, Sir Ben Kingsley, Emma Rigby, Stellan Skarsgård, Olivier Martinez, Fahri Yardım
- Regie: Philipp Stölzl, Drehbuch: Jan Berger
- Weitere Produzenten: Wolf Bauer; Ausführender Produzent: Sebastian Werninger (UFA CINEMA); Co-Produzenten: Christine Strobl (ARD Degeto), Jan Mojto, Dirk Schürhoff (Beta Cinema)

DONNA LEON – AUF TREU UND GLAUBEN
- ARD Degeto
- mit Uwe Kockisch, Julia Jäger, Laura-Charlotte Syniawa, Patrick Diemling, Michael Degen
- Regie: Sigi Rothemund, Drehbuch: Holger Joos
- Weiterer Produzent: Benjamin Benedict

GEORGE

- SWR, WDR, RBB, NDR, arte
- mit Götz George, Martin Wuttke, Muriel Baumeister, Thomas Thieme, Burghart Klaußner, Hanns Zischler
- Regie: Joachim Lang, Drehbuch: Joachim Lang, Kai Hafemeister
- Weiterer Produzent: Jochen Laube

FRÜHLINGSKINDER

- ZDF
- mit Simone Thomalla, Marco Girnth, Carolyn Genzkow
- Regie: Michael Karen, Drehbuch: Natalie Scharf
- Weitere Produzentin: Natalie Scharf (Seven Dogs Filmproduktion)

DER MINISTER

- SAT.1
- mit Kai Schumann, Alexandra Neldel, Johann von Bülow, Stefanie Stappenbeck, Katharina Thalbach, Walter Sittler
- Regie: Uwe Janson, Drehbuch: Dorothee Schön
- Weitere Produzenten: Benjamin Benedict, Jürgen Schuster

ZAHLTAG – NICHT MIT UNS!

- ProSieben/Sixx
- mit Ken Duken, Matthias Koeberlin, Vinzenz Kiefer, Dagny Dewath, Thomas Thieme, Stipe Erceg
- Regie: Martin Schreier, Drehbuch: Martin Schreier, Florian Schumann
- Weitere Produzenten: Katrin Goetter (UFA FICTION), Sebastian Sawetzki (Venice Pictures)

VERRATENE FREUNDE

- SWR, WDR, arte
- mit Matthias Brandt, Heino Ferch, Barbara Auer, Katja Riemann

- Regie: Stefan Krohmer, Drehbuch: Daniel Nocke
- Weiterer Produzent: Jochen Laube

HANNI & NANNI 3
- (Kinofilm) Universal Pictures International Germany
- mit Jana und Sophia Münster, Suzanne von Borsody, Katharina Thalbach, Hannelore Elsner, Barbara Schöneberger
- Regie: Dagmar Seume, Drehbuch: Christoph Silber
- Weitere Produzenten: Jürgen Schuster, Gesa Tönnesen (UFA CINEMA), Hermann Florin (Feine Filme)

HERZTÖNE
- SAT.1
- mit Jennifer Ulrich, Pasquale Aleardi, Andrea Sawatzki
- Regie: Sven Bohse, Drehbuch: Birgit Maiwald
- Weitere Produzentin: Ariane Krampe

2013

BORNHOLMER STRASSE
- MDR, ARD Degeto, RBB
- mit Charly Hübner, Milan Peschel, Ulrich Matthes, Rainer Bock, Max Hopp
- Regie: Christian Schwochow, Drehbuch: Heide und Rainer Schwochow
- Weiterer Produzent: Benjamin Benedict; Ausführender Produzent: Sebastian Werninger

DER RÜCKTRITT
- SAT.1
- mit Kai Wiesinger, Anja Kling
- Regie: Thomas Schadt, Drehbuch: Thomas Schadt unter journalistischer Mithilfe von Jan Fleischhauer
- Weitere Produzenten: Joachim Kosack, Benjamin Benedict

FRÜHLINGSLÜGEN

- ZDF
- mit Simone Thomalla, Marco Girnth, Carolyn Genzkow
- Regie: Peter Stauch, Drehbuch: Natalie Scharf
- Weitere Produzentin: Natalie Scharf (Seven Dogs Film-produktion)

FRÜHLINGSGEFLÜSTER

- ZDF
- mit Simone Thomalla, Marco Girnth,
  Carolyn Genzkow
- Regie: Peter Stauch, Drehbuch: Natalie Scharf
- Weitere Produzentin: Natalie Scharf (Seven Dogs Film-produktion)

DER WEG NACH SAN JOSÉ

- ZDF
- mit Ursula Karven, Filip Peeters, Alessandro Bressanello, Steve Windolf
- Regie: Roland Suso Richter, Drehbuch: Hardi Sturm

DER NSU-PROZESS. DAS PROTOKOLL DES ERSTEN JAHRES

- BR/Süddeutsche Zeitung Magazin
- mit Franziska Benz, Judith Schlink, Johannes May, Thomas Zerck
- Regie: Soleen Yusef

2014

ICH BIN DANN MAL WEG

- (Kinofilm) Warner Bros. Pictures Germany
- mit Devid Striesow, Martina Gedeck, Karoline Schuch, Katharina Thalbach
- Regie: Julia von Heinz, Drehbuch: Jane Ainscough, Christoph Silber, Sandra Nettelbeck

- Weitere Produzenten: Sebastian Werninger, Jochen Laube (UFA CINEMA), Hermann Florin (Feine Filme); Assoziierte Produzentin: Gesa Engel

NACKT UNTER WÖLFEN
- MDR, ARD Degeto, WDR, SWR, BR
- mit Florian Stetter, Peter Schneider, Sylvester Groth, Thorsten Merten, Sabin Tambrea
- Regie: Philipp Kadelbach, Drehbuch: Stefan Kolditz
- Weitere Produzenten: Benjamin Benedict, Sebastian Werninger

GRZIMEK
- ARD Degeto
- mit Ulrich Tukur, Barbara Auer, Katharina Schüttler, Jan Krauter
- Regie: Roland Suso Richter, Drehbuch: Marco Rossi
- Weitere Produzenten: Jochen Laube, Sebastian Werninger; Ausführender Produzent Südafrika: Giselher Venzke (Two Oceans Production)

ELLY BEINHORN – ALLEINFLUG
- ZDF
- mit Vicky Krieps, Max Riemelt, Christian Berkel, Lisa Wagner, Ulrike Krumbiegel, Harald Krassnitzer
- Regie: Christine Hartmann
- Weitere Produzentin: Ariane Krampe

IM ZWEIFEL
- ARD Degeto
- mit Claudia Michelsen, Henning Baum, Thomas Loibl
- Regie: Aelrun Goette, Drehbuch: Dorothee Schön
- Weiterer Produzent: Benjamin Benedict

FUSSBALL – EIN LEBEN: FRANZ BECKENBAUER

- BR
- Regie: Thomas Schadt
- Weiterer Produzent: Jochen Laube

AUS DER HAUT

- MDR, ORF
- mit Merlin Rose, Claudia Michelsen, Johann von Bülow, Johannes Krisch
- Regie: Stefan Schaller, Drehbuch: Jan Braren

DER NSU-PROZESS. DIE PROTOKOLLE DES ZWEITEN JAHRES

- BR
- mit Franziska Benz, Judith Schlink, Johannes May, Thomas Zerck
- Regie: Soleen Yusef

2015

CHARITÉ, Staffel 1

- MDR, ARD Degeto
- mit Alicia von Rittberg, Justus von Dohnányi, Matthias Koeberlin, Ernst Stötzner, Christoph Bach, Maximilian Meyer-Bretschneider
- Regie: Sönke Wortmann, Drehbuch: Dorothee Schön, Sabine Thor-Wiedemann
- Weitere Produzenten: Benjamin Benedict, Markus Brunnemann, Sebastian Werninger (UFA FICTION), Co-Produzent: Michal Pokorný (MIA FILM)

KU'DAMM 56

- ZDF
- mit Sonja Gerhardt, Claudia Michelsen, Maria Ehrich, Emilia Schüle, Sabin Tambrea, Trystan Pütter, August Wittgenstein

- Regie: Sven Bohse, Drehbuch: Annette Hess
- Weiterer Produzent: Benjamin Benedict

DEUTSCHLAND83

- RTL
- mit Jonas Nay, Maria Schrader, Ulrich Noethen, Sylvester Groth, Alexander Beyer, Ludwig Trepte, Sonja Gerhardt
- Regie: Edward Berger, Samira Radsi, Drehbuch: Anna Winger (Head Writer), Steve Bailie, Andrea Willson, Ralph Martin, Georg Hartmann
- Creator: Anna Winger, Jörg Winger
- Weiterer Produzent: Jörg Winger, Ausführender Produzent: Sebastian Werninger

DER GLEICHE HIMMEL

- ZDF
- mit Tom Schilling, Sofia Helin, Ben Becker, Anja Kling, Friederike Becht, Claudia Michelsen, Jörg Schüttauf
- Regie: Oliver Hirschbiegel, Drehbuch: Paula Milne
- Weitere Produzenten: Benjamin Benedict, Sebastian Werninger (UFA FICTION), Ferdinand Dohna, Dirk Schürhoff (Beta Film), Paula Milne, Tracey Scoffield (Rainmark Films), Ko-Proproduzent: Michal Pokorný (MIA FILM)

DIE AKTE GENERAL

- SWR, ARD Degeto, SR, BR
- mit Ulrich Noethen, David Kross
- Regie: Stephan Wagner, Drehbuch: Alexander Buresch
- Weiterer Produzent: Benjamin Benedict; Associate Producer: Jochen Laube

LETZTE AUSFAHRT GERA – ACHT STUNDEN MIT BEATE
ZSCHÄPE
- ZDF
- mit Lisa Wagner, Joachim Król
- Regie: Raymond Ley, Drehbuch: Raymond Ley, Hannah
  Ley
- Weiterer Produzent: M. Walid Nakschbandi (AVE Gesell-
  schaft für Fernsehproduktion)

KINOSPOT ZUM WIEDERVEREINIGUNGSJUBILÄUM
IM AUFTRAG DER BUNDESREGIERUNG
- Regie: Nico Kreis

2016

TOD EINER KADETTIN
- NDR, ARD Degeto
- mit Maria Dragus, Lisa Hrdina, Harald Schrott
- Regie: Raymond Ley, Drehbuch: Raymond Ley und
  Hannah Ley
- Weiterer Produzent: Marc Lepetit

HANNI & NANNI – MEHR ALS BESTE FREUNDE
- (Kinofilm) Universal Pictures International Germany
- mit Laila und Rosa Meinecke, Jessica Schwarz, Sascha
  Vollmer, Maria Schrader, Katharina Thalbach, Julia
  Koschitz, Henry Hübchen
- Regie: Isabell Šuba, Drehbuch: Katrin Milhahn, Antonia
  Rothe-Liermann
- Executive producer: Nico Hofmann, Produzenten:
  Sebastian Werninger (UFA FICTION) und Hermann
  Florin (Feine Filme)

EAT THAT QUESTION – FRANK ZAPPA IN HIS OWN WORDS
- (Kinofilm) Arsenal Filmverleih
- Regie: Thorsten Schütte
- Associate Producer: Nico Hofmann, Produzenten: Jochen Laube (UFA FICTION), Estelle Fialon (Les Films du Poisson)

2017

CHARITÉ, Staffel 2
- MDR, ARD Degeto
- mit Ulrich Noethen, Mala Emde, Jannik Schümann, Artjom Gilz, Luise Wolfram
- Regie: Anno Saul, Drehbuch: Dorothee Schön, Sabine Thor-Wiedemann
- Weitere Produzenten: Benjamin Benedict, Markus Brunnemann, Sebastian Werninger, Ausführende Produzentin: Henriette Lippold

KU'DAMM 59
- ZDF
- mit Sonja Gerhardt, Claudia Michelsen, Maria Ehrich, Emilia Schüle, Sabin Tambrea, Trystan Pütter, August Wittgenstein, Ulrich Noethen
- Regie: Sven Bohse, Drehbuch: Annette Hess
- Weitere Produzenten: Benjamin Benedict, Ausführender Produzent: Marc Lepetit

DER JUNGE MUSS AN DIE FRISCHE LUFT
- (Kinofilm) Warner Bros. Pictures Germany
- mit Julius Weckauf, Luise Heyer, Sönke Möhring, Hedi Kriegeskotte, Ursula Werner, Joachim Król
- Regie: Caroline Link, Drehbuch: Ruth Toma

- Weitere Produzenten: Sebastian Werninger
  (UFA FICTION) und Hermann Florin (Feine Filme)

KRUSO
- MDR, ARD Degeto
- mit Albrecht Schuch, Jonathan Berlin
- Regie: Thomas Stuber, Drehbuch: Thomas Kirchner
- Weiterer Produzent: Benjamin Benedict

WIR SIND DOCH SCHWESTERN
- ARD Degeto, WDR
- mit Jutta Speidel, Getrud Roll, Hildegard Schmahl
- Regie: Till Endemann, Drehbuch: Heide Schwochow
- Weiterer Produzent: Benjamin Benedict

Preise und Auszeichnungen
(Eine Auswahl)

An Nico Hofmann persönlich

1988
- Deutscher Kritikerpreis

2001
- *Goldener Gong* für produzentische Leistung für DER TANZ MIT DEM TEUFEL – DIE ENTFÜHRUNG DES RICHARD OETKER (Regie: Peter Keglevic)

2002
- Cologne Conference, *Produzentenpreis* für Nico Hofmann, Ariane Krampe und Bettina Reitz für DER TANZ MIT DEM TEUFEL – DIE ENTFÜHRUNG DES RICHARD OETKER (Regie: Peter Keglevic) und DER TUNNEL (Regie: Roland Suso Richter)

2006
- *Bayerischer Fernsehpreis* / Sonderpreis für DRESDEN (Regie: Roland Suso Richter), DIE LUFTBRÜCKE – NUR DER HIMMEL WAR FREI (Regie: Dror Zahavi) und DIE STURMFLUT (Regie: Jorgo Papavassiliou)
- *Schillerpreis* der Stadt Mannheim
- *Hans Abich Preis* beim Fernsehfilmfestival Baden-Baden

2007

- *Goldene Romy* als Bester Produzent des Jahres

2009

- *Verdienstmedaille* des Landes Baden-Württemberg

2010

- *Einheitspreis* der Zeitschrift Superillu

2013

- *Eyes & Ears Excellence Award* 2013

2015

- *Steiger Award* in der Kategorie *Film*

2016

- Ehrenpreis im Rahmen des 37. Filmfestivals *Max-Ophüls-Preis*

Für Produktionen

1987

DER KRIEG MEINES VATERS

- Deutsche Film- und Medienbewertung (FBW), Prädikat: besonders wertvoll

1988

LAND DER VÄTER, LAND DER SÖHNE

- Jugendfilmfestival Turin / Kritikerpreis
- IFF San Sebastian 1988 / Lobende Erwähnung der FIPRESCI-Jury

1989

LAND DER VÄTER, LAND DER SÖHNE

- *Bayerischer Filmpreis* / Preis für Nachwuchsregie
- Bundeszentrale für politische Bildung / Preis für eine herausragende Leistung
- *Deutscher Kritikerpreis*
- Deutsche Film- und Medienbewertung (FBW), Prädikat: wertvoll

1996

DER SANDMANN

- *Adolf-Grimme-Preis mit Gold* (gemeinsam mit Götz George)

2001

DER TUNNEL

- *Deutscher Fernsehpreis* in der Kategorie Bester Fernsehfilm/Mehrteiler

2002

DER TANZ MIT DEM TEUFEL – DIE ENTFÜHRUNG DES RICHARD OETKER

- *Deutscher Fernsehpreis* in der Kategorie Bester Fernsehfilm/Mehrteiler

DER TUNNEL

- *Jupiter Award* in der Kategorie Bester Fernsehfilm des Jahres

2004

STAUFFENBERG

- *Deutscher Fernsehpreis* in der Kategorie Bester Fernsehfilm/Mehrteiler

2006

DRESDEN
- *Deutscher Fernsehpreis* in der Kategorie Bester Fernseh-film/Mehrteiler
- *Jupiter Award* in der Kategorie Bester TV-Spielfilm
- *DIVA – Deutscher Entertainment Preis* in der Kategorie Bestes TV-Movie

DIE LUFTBRÜCKE – NUR DER HIMMEL WAR FREI
- *Goldene Kamera* in der Kategorie Bester deutscher Fernsehfilm

KAHLSCHLAG
- *Filmz –* Festival des Deutschen Kinos, Publikumspreis

2007

DIE FLUCHT
- *Bambi,* Publikumspreis für das TV-Ereignis des Jahres
- *DIVA – Deutscher Entertainment Preis* in der Kategorie Bestes TV-Movie
- Shanghai Television Festival in der Kategorie Bester TV Film

NICHT ALLE WAREN MÖRDER
- Festival de Télévision de Monte-Carlo, Spezialpreis *Monaco Red Cross*

2009

MOGADISCHU
- *Deutscher Fernsehpreis* in der Kategorie Bester Fernsehfilm
- *Goldene Kamera* in der Kategorie Bester Fernsehfilm

2011

HINDENBURG
- *Deutscher Fernsehpreis* in der Kategorie Bester Mehrteiler

SCHICKSALSJAHRE
- *Seoul International Drama Awards*, in der Kategorie Best Movie
- *DIVA – Deutscher Entertainment Preis* für den erfolgreichsten TV-Film des Jahres

2012

DER TURM
- *Bambi*, Publikumspreis für das TV-Ereignis des Jahres

2013

UNSERE MÜTTER, UNSERE VÄTER
- *Deutscher Fernsehpreis* in der Kategorie Bester Mehrteiler
- *Seoul International Drama Awards* in der Kategorie Best Miniseries
- *Quotenmeter.de-Fernsehpreis* in der Kategorie Bester Fernsehfilm oder Mehrteiler
- Festival de la fiction TV de La Rochelle, *Prix de la meilleure fiction européenne*
- *Prix Italia* in der Kategorie Beste Miniserie
- *Prix Europa* in der Kategorie Beste Miniserie

DER TURM
- *Grimme-Preis* in der Kategorie Fiktion

DER FALL JAKOB VON METZLER
- *Jupiter Award* in der Kategorie Bester TV-Spielfilm
- *Grimme-Preis* in der Kategorie Fiktion
- *Robert-Geisendörfer-Preis* in der Kategorie Fernsehen

JESUS LIEBT MICH
- *Jupiter Award* in der Kategorie Bester Film (National)

2014

UNSERE MÜTTER, UNSERE VÄTER
- *International Emmy Award* in der Kategorie TV Movie / Miniserie
- *Goldene Kamera* in der Kategorie Bester Fernsehfilm
- *Jupiter Award* in der Kategorie Bester TV-Spielfilm

BORNHOLMER STRASSE
- *Bambi* in der Kategorie TV-Ereignis des Jahres

2015

DEUTSCHLAND83
- *C21 International Drama Awards* in der Kategorie Best non-English language drama series
- RomaFictionFest, *Special Jury Award*
- Séries Mania Festival 2015, *Prix pour la meilleure série du monde*

NACKT UNTER WÖLFEN
- *Seoul International Drama Awards, Grand Prize*

BORNHOLMER STRASSE
- *Grimme-Preis* in der Kategorie Fiktion

2016

DEUTSCHLAND83
- *International Emmy Award* in der Kategorie Drama Series
- *Goldene Kamera* in der Kategorie Beste deutsche Mini-serie / Mehrteiler

- *Seoul International Drama Awards: Golden Bird Prize* in der Kategorie Mini Series
- *Peabody Award* in der Kategorie Entertainment
- *Grimme-Preis* in der Kategorie Serien & Mehrteiler (Fiktion / Spezial)

NACKT UNTER WÖLFEN
- Atlanta Jewish Film Festival, in der Kategorie Best Narrative Film
- *Deutscher Fernsehpreis* in der Kategorie Bester Fernsehfilm

2017

CHARITÉ, Staffel 1
- Zoom Festival de Igualada, in der Kategorie Bester Film / Beste Serie

Register

Bildnachweis

action press: 29, 30 (Collection Christophel)

ARD Degeto: 25, 26 (UFA/Conny Klein)

Brauer Photos: 17 (Gisela Schober), 41, 42 (Sabine Brauer), 43, 44, 45 (Oliver Walterscheid)

ddp images: 38 (Steffens)

Imago: 40 (eventfoto54)

Werner Kadoch: 19 (Grimme Institut)

Boris Laewen: 15

Mannheimer Morgen, 22. Februar 1971 Nr. 42, 25.Jg., Titelseite (Ausschnitt): 5 (Foto: Kurt Heinrich)

picture alliance: 20 (United Archives), 21 (KPA), 34 (dpa/Tom Maelsa), 36 (Associated Press/Miguel Villagran)

Privatarchiv Nico Hofmann: 1, 2, 3, 4, 6, 7, 8, 9, 10, 11, 12, 13, 14

RTL: 24 (Stefan Erhard)

RTL II: 18 (UFA)

SAT.1: 22 (Stefan Erhard), 39 (Stephan Rabold)

Schroewig: 16 (Eva Oertwig)

SWR: 28 (Thomas Kost)

UFA Fiction: 23 (ZDF/Thomas Stammer), 27 (Nik Konietzny), 33 (Nik Konietzny), 35, 37

ZDF: 32 (Stefan Erhard), 31